当权力没被关进笼子

谢昱航 著

南方日报出版社
NANFANG DAILY PRESS
中国·广州

图书在版编目（CIP）数据

当权力没被关进笼子 / 谢昱航著. — 广州 : 南方日报出版社，2014.3

ISBN 978-7-5491-0843-5

Ⅰ. ①当… Ⅱ. ①谢… Ⅲ. ①权力制约—研究 Ⅳ. ①D033

中国版本图书馆CIP数据核字(2014)第028254号

Dang quanli mei bei guanjin longzi

当权力没被关进笼子 谢昱航 著

出版发行：南方日报出版社
地　　址：广州市广州大道中289号
电　　话：（020）83000502
经　　销：全国新华书店
印　　刷：广州汉鼎印务有限公司
开　　本：787 mm×1092 mm　1/32
印　　张：9
字　　数：150千字
版　　次：2014年3月第1版
印　　次：2014年3月第1次印刷
定　　价：30.00元

投稿热线：（020）83000503　读者热线：（020）83000502
网址：http://www.nfdailypress.com/

序一

让法治把权力关进制度的笼子

王利明

法治的核心是规范公权，保障私权。习近平同志指出，必须把权力关进制度的笼子里。这实际上高度概括了法治的核心要义和精髓。近代西方法治理论的首创者英国的詹姆斯·哈林顿提出必须实行权力制衡，因为“权力导致腐败，绝对的权力导致绝对的腐败”。洛克也认为对个人自由权利的最大危害是政治权力的滥用，因此，政治权力必须受到法律的约束。洛克认为法治社会中的政治权力应当是有限的、分立的和负责的。法国启蒙思想家孟德斯鸠指出：“一切有权力的人都容易滥用权力，这是万古不易的一条经验。”这些论断都被认为是关于公权力制约的经典名言。因此，公权力必须受到遏制和约束，已经被实践证明是一条不易之论。

在我国，随着新中国的建立，人民翻身当家作主。但是，人民通过何种方式来管理国家才是最有利于长治久安的，则一直在探索之中。历史和现实的经验都证明，必须推进民主、厉行法治，尤其是需要借助法治来解决对公权力的有效监督问题，才能实现民心安顿、长治久安。从渊源上讲，政府的一切权力均来源于人民，并通过宪法和法律授予。因此，权力的取得、行使应根据人民的意志和利益，依法加以规范，这正是法治的核心要义。尽管政府的权力坚强有力，但不得逾越其边界而任意侵害公民权利的领域。相反，公权力行使的根本目的是保护公民权利不受侵害，并体现人民的意志和根本利益。还要看到，公权力行使的好坏，也要以人民的意志和利益为根本判断标准。在法治的视野下，我们应当提倡以人民为中心，而不是以政府为中心，权为民所赋，权为民所用，行政权力的行使绝不能以侵害公民权利为代价。

谢昱航的《当权力没被关进笼子》，以实际例证的形式，对这一法治原理进行了充分的说明。全书80多篇评论，每一篇都是针对一起公权力为恶的现象进行解剖分析。这么多起事件，无论是在代表性还是典型性上，都有很强的个案价值，从不同领域、不同地域、不同层面、不同方向，对不受约束的权力所产生的社会破坏，进行全方位的展示。虽然这是评论集，但评论因事而发，情感和思想因事而生，评论中有丰富的事例——个案汇集，样本收录，我认为，这是本书的价值所在。

应当对权力进行有效约束，已经是全社会的基本共识，不需要更多的论证，但是在社会层面仍然需要提醒、需要推动、需要时间表。这需要各界有心推动中国民主文明的热心人士，从各个方面、以各种方式，做出自己的努力。其中，保持对公权力侵害私权利的社会事件的关注，发出自己的声音，当然是一种不错的方式。像谢昱航这样，长时间保持着对公权力行使的关注，并且将不同时期的呼吁文章汇集成册，以为权力的规范提供建议，应该值得鼓励。如何把权力关进制度的笼子？没有笼子，如何把权力关进去？这个笼子是什么？谢昱航认为，把权力关进制度的笼子的根本出路是推行法治。这无疑是正确的。限制公权力是法治的基本精神。人治与权力滥用是孪生兄弟，防止权力为恶，必须摈弃人治、厉行法治。实行法治，权力的边界就会有法律的清楚限定，权力的越界恶行也就能得到法律的彻底追究，权力滥用的责任有具体的担负对象，从而实现权力在规则之下运行。

当然，评论文章不仅是事件记录，作者在本书的每一篇文章中，从事件发生的根源到事件的影响和解决问题的出路，都对事件进行了解剖、进行了独立而深入的思考，就事论理，在生动事实的基础上提出观点，从而叙议并存、情理交融。或许，评论文章没有理论文章那样的深刻性和系统性，但在唤起公众意识、呼吁社会对某一问题的重视等方面，则有其独特的作用。所以，针对每一起权力“撒野”的事件进行批评和评论，对于推动约束权力的制度建设，肯定存在着或大或小的积极作用，并最终汇集各方力量促成民主与法治的大成！

在内容上，全书分为8个部分，其中“用法治织就笼子”这部分，收录的文章颇多。作者在这些文章中提出：“法治缺席，谁的权利都不安全”；“行政依赖症会阻碍法治的进程”；“城市拆迁只能由法治主导”；“让司法真正成为公民权利的守护神”……从中可以看出作者对法治的信仰和追求。法治的推进，的确很需要这种热情。

让法治把权力关进制度的笼子！

是为序。

（序者系中国人民大学常务副校长、法学院教授、中国法学会副会长）

序二

社会在对权力的批判中进步

马少华

当代时评写作的一个普遍和重要的主题就是对权力的批判，而这个主题在谢昱航的这本时评集中如此集中，却是我没有想到的。

我使用“对权力的批判”而不是“对权力的监督”，是因为，“对权力的监督”一般对应着更为具体和实际的人的行为，而“对权力的批判”，则主要在思想观念领域——这正是时评写作的领域。此外，“对权力的监督”，一般追求具体的、确定的效果；而“对权力的批判”则重点在于向人们揭示权力的本质、规律，它存在的价值和它的限度，它与公民的权利应有的关系，并为其除魅。它并不追求立竿见影的效果，而是在整个社会中点滴积累共识。两者不可偏废。

新闻评论不是教科书，不可能长篇大套地从容揭示权力的本质、规律，它存在的价值和它的限度，往往需要在针对新闻事件的“急就章”中完成。这并不是一件容易的事。

而谢昱航的时评，则在这方面用心甚多。首先，他是在权力与权利的关系中观察权力、揭示权力的，在对具体新闻事件的评论中，揭示两者之间的一般关系——理想的关系与现实的关系。

比如收录于本书的第一篇时评《权力面前，权利如此孱弱》，针对的是2008年河南巩义市景区改造拆迁和江西丰城市旧城改造拆迁中的权力侵害事件。在这篇文章中，作者没有停留在对事件本身的愤慨和对政府行为的具体批评上，而是耐心、从容地提出：为什么权力如此张狂？为什么权利如此孱弱？为什么让权利制约权力的法律制度安排难以起到作用？他在分析中指出：

> 问题在于，权利最终是要靠权力的保护才能实现。这就出现了一个矛盾：一方面，权利要对抗权力；另一方面，权利又要求权力的保障。而解决这个矛盾，关键在于权力本身的分立和制约，也就是说当权利受到权力的侵害时，必须有另外的权力为其提供保护。对于权力的制约有三种方式，权力对权力的制约、社会对权力的制约、权利对权力的制约，而后两种方式必须依赖前一种方式来实现。

正是经过这样的分析，最终，他把批评的目标指向了“权力过于集中的问题”，这正是当代中国权力问题的普遍症结。

像这样在针对具体新闻事件的议论中耐心进行理论思辨的意识，在当代中国的时评写作中特别值得珍视。

在2011年《权利在蒙蔽中被买断》一文中，作者对黑龙江省鸡东县居民韩东与当地镇政府之间的土地承包权官司进行了议论。不仅对一位农民通过法律维护自身权利，抵制权力侵害的行为明确支持，而且进一步指出：那些为“50元一天的工资”而被政府收买，加入权利侵害行列的上百村民，“是在自毁权利屏障”。这实际上是从另外一个现实的视角揭示出“权利如此孱弱”的原因：不仅是因为权力的强大，而且可能是因为权利者的短视与蒙昧。因此，要使权利强大起来，不仅要靠权力之间的相互制约，还要靠权利的理智和权利的自觉意识。

在对权力与权利关系的观察和议论中，作者准确地区分了两者的不同行为规范和评价标准，清理了人们可能存在的模糊认识。在本书收录的《懒得自证清白》一文中，作者针对当年面对公众关于5000块路牌更换成本和公众对经适房摇号中出现“6连号事件”的质疑，上海市公路管理处与武汉市数个政府部门所体现出的“懒得自证清白”的态度中，尖锐地指出：“应该自证清白，可以自证清白，但是就是懒得去做。这‘懒’的背后，体现的是权力的极端傲慢。清白应是公共管理部门的基本形象……也许他们认为，清者自清，浊者自浊，真相会自白于天下。这句话用在个人的为人处世原则上可以，但是，用在公权部门的行政方式上，则万万不可。这样固执地行事，影响的是公务部门的形象和威信，影响的是社会和谐的基础。”

在本书的几个部分中，作者对权力的观察和批判，还覆盖了权力的逐利冲动、垄断冲动、扩张冲动、逃避责任倾向和自我保护倾向，并揭示出这些倾向对于社会关系和社会道德的毒化作用。笔触涉及社会生活的方方面面，成为这个时代的权力画像。面对这幅画面，你可能不免感到消极。但其实，正是在这样的对权力的认识和批判中，我们这个社会进步着。而这个社会的进步，也端赖对权力的监督与批判。当代的新闻评论，作为传播最广的公共表达，为这样的一个目标，做出着贡献。

（序者系中国人民大学新闻学院副教授）

自　序

过去的时评，不过时的道理

“把权力关进制度的笼子里”，因为发自中共最高领导人习近平总书记之口，迅速成为一句热语，无论是庙堂之高，还是江湖之远，都频传频用。

在人类的经验中，要被关进笼子里的东西，是可能作恶的猛兽。既然权力也要被关进笼子，说明权力有和猛兽类似的地方。

权力有恶的一面，先贤早已识之。美国历史学家芭芭拉•塔奇曼说：行政权力永远都是饥肠辘辘，扩张与强夺是它挥之不去的本性。现代政治学之父霍布斯说：当统治者独断专行时，就变成一个残暴无比的怪兽，很有可能会吞噬公民的权利和自由。

但权力是一种必要的恶，社会需要治理，治理要靠权力——有人的地方就有权力。于是，让权力不为恶，成为人类社会的一道重要命题。破题的路径其实很明确，那就是充分认识到权力恶的一面，像英国哲学家休谟所说的那样，“把每个政府成员设想成为无赖之徒，并假定他的一切作为都是为了谋求私利，别无其他目标”，然后尽可能制定完善的规则，形成约束权力的笼子，让其野性得不到释放。然而，在限制权力的实践上，不同的国家还在做不同的努力。

习近平总书记“把权力关进制度的笼子里”的反腐新语，充分体现了权力的谦卑。一个掌握“最高权力”的人，主动提出限制权力，这种政治胸襟和姿态，对于推进政治文明是非常重要的。历史事实说明，那些权力约束的制度架构比较完善的地方，都是因为杰出的政治家在掌握权力后，想到的不是巩固权力、扩张权力，而是不断在限制权力的制度设计上努力，才大大促进了权力和权利的平衡，实现了权力运作的规范化。

“把权力关进制度的笼子里”，也是一种非常重要的政治清醒。由于我们改革开放时间毕竟不是很长，在权力制约方面还存在诸多不足，权力过于集中、权力无拘无束、权力自肥、权力肆意侵犯权利等现象，可以说是屡见不鲜：

在河南巩义，政府“勒令”老百姓拆迁，如有人抗拒，实行“株连”：亲戚中有人当教师的，停课；有做工人的，停工；有做公务员的，停岗。

在广东深圳，政府为大运会规定，开幕式期间，面朝体育场馆的小区居民不得在家“逗留”，需离家约5小时。

在广东东莞，某镇镇长李为民，挪用1.1亿元公款频繁到境外赌博，输掉9000多万元。

在河南漯河，农民徐林东因为上访，被乡政府送进精神病院。徐林东被关进精神病院4年后，他的家属才通过其他村民知道他的下落，被关6年后才出院。

国家证监会原副主席王益在位居要职后，不但被北京大学光华管理学院聘为博士生导师，还成为“音乐大师”。而事实证明，王益虽挂名为北大博导，但很欠缺经济学理论功底；他创作的音乐作品之所以“走红”，是因为观众基本上是各证券公司组织的员工。

在湖南长沙，学校直接在教师工资里扣款，强行索捐。

在全国很多地方，路桥业成为暴利行业，不该设收费站的地方也要设，超过收费期限该撤的收费站却长期不撤。

…………

种种奇闻怪事，让人看得真切：当权力没被关进笼子里时，会做出什么。

每一次权力放纵恣意、为非作歹，都会让人愤怒，让人忧虑，让人深思。本人就是忧思者中的一员。正是出于对各类社会丑态和恶行的不满，出于对社会公平与和谐的期待，我走上了时评写作这条路。

时评是时下各类媒体都很重视的文体，评论版、评论周刊、评论频道、评论节目、评论栏目……无论是纸媒还是电子媒体，都不肯放弃这块阵地。时评的火热，与这个时代的特点有关——变革时代，太多的利益需要调整，太多的诉求需要表达；开放时代，各种文化在交融，多种思想在碰撞；个性张扬时代，人人都有主张，个个都想呼吁……

媒体重视的背后，是社会的需要，受众的喜爱。时评受欢迎，我个人有深切的感受。2010年4月，我的时评作品《解百姓住房难必先除权力自肥》在《中国青年报》发表后，被新浪网评论频道转发，在“每日热评”中排在首位，半天时间，跟帖就达3000多条。而据中国青年报总编辑陈小川介绍，该报有两套评报系统，一是“月度评估报告”，二是每周的网上点击率和转载率统计。在两套评价体系中，每一次评论版“青年话题”都占绝对优势，阅读率高，读者最满意，读者印象深刻的文章最多，点击率和转载数也名列前茅。不仅是《中国青年报》，其他很多报纸也有类似情况。

我的时评写作，正好赶上时评的热潮，也算是热潮中的一分子。从《中国青年报》开始，以《中国青年报》为主要阵地，至今我在各类媒体已发表近千篇评论。

梳理写过的时评，我发现有不少自己满意的作品，都是对公权力的关注，都是在公权力不受约束也不自控而动众怒时，自己所做的问题思考和意见表达。这些文章集合在一起，正好自成体系，从“权利没有保障”“财政权力边界模糊”“执权者有权无法”“权力自利”“权力站在自己立场定规则”“权力缺位”“权力的信任危机”“以法治手段约束权力”共8个方面，对权力不受约束时产生的问题进行了多方面的思考，对如何约束权力提出了自己的一些看法。所以，感觉集结出版，不但能再次向社会发出自己的声音，而且以聚焦的方式关注问题，或许声音更大，能在一定程度上引起社会对问题的重视、能为社会出一份微小的力。

需要指出的是，这些时评发表在不同年份，有些作品中所涉及的问题甚至已过去几年。那么，这些作品还有意义吗？我的理解是，虽然某一个具体事件已经过去，但是这一类事情还在不断出现，有些新近发生的事，就是过去事情的翻版，它们共同反映的问题并没有得到解决，所以，对这些问题进行呼吁，仍有较强的现实意义。而且，评论是就事件引出的思考，事情虽然是具体的、有时效性的，但道理却是永恒的，不会过时的，在很长的时间里，其启发作用都还存在。

还要指出，本书收录的作品，个别已经被其他著作收录过。比如，《律师在场制需要很高的警察支持率吗》一文入选南方日报出版社出版的中国新闻时评精选《热言中国》，《权力面前，权利如此孱弱》入选青年评论文丛《别把中国想简单了》，《精神病收治的法律空白何时补上》《人有一到外地便想犯罪的天性吗》入选中国青年报《冰点时评》作品集。本书再次收录这些作品，因为对“当权力没被关进笼子”这个问题的论述，这些作品起着一定的作用。

目　录

Part1

权利如此孱弱

权力面前，权利如此孱弱

[我们的制度设计中，也有让权利制约权力的安排，无论是宪法和法律，都规定了公民这样或那样的权利，可为什么权利却起不到这样的作用呢？]

河南巩义市杜甫故里景区升级改造，有关部门勒令杜甫的“邻居们”搬家，却不为村民们提供住处。如有人抗拒拆迁，将实行“株连”：亲戚中有人当教师的，停课；有做工人的，停工；有做公务员的，停岗。紧接着，江西丰城市以旧城改造为名的拆迁活动也在如火如荼地进行，在这场拆迁补偿与市场价格极其悬殊的拆迁中，封建时代的株连政策同样被地方政府当成了拆迁的法宝和开路先锋。凡与被拆迁户有亲属关系的公职人员都成了拆迁责任人，若不在规定时间内做通工作，则可能被停职、被威胁停发工资，连一些低保户也被告知，如不配合将被停发低保。

在江西丰城市的“株连”拆迁中，我们看到了公民权利被肆意践踏。对于拆迁户来说，在拆迁补偿中本来就应该有

"参与土地增值收益分配"和"获得级差地租收益补偿"的权利，就算拆迁以"公益事业"为招牌，也得遵循"公正补偿"的原则。在这次拆迁中，店铺的补偿价格是每平方米5600元，住宅的补偿价格是每平方米1100元左右，而同地段的房地产项目，商铺每平方米卖到20408元，商品房每平方米卖到了3000多元。补偿明显不足。

公益拆迁要实现公正补偿，得使受影响的人不但可收回土地损失，也可收回商业损失。而丰城拆迁是否做到了公正补偿，相信大家心里都有数。而不愿拆迁的住户，连人身自由也被侵犯，仅仅因为聘请律师讲课、垫付律师费也遭行政拘留；那些与拆迁户有亲属关系的人，他们有何过错？竟然连正常工作的权利和获取劳动报酬的权利，甚至获取社会保障的权利也被剥夺或受到威胁。

为什么权力能屡屡如此张狂？为什么老百姓的正当权利如此孱弱？

本来，权利是要作为权力的一个制约因素而存在的。孟德斯鸠说过："一切有权力的人都容易滥用权力，有权力的人们使用权力一直到遇有界限的地方才休止。"无论哪个时代、哪个国度的当权者，都避免不了用权力来满足个人欲望的冲动。官位的升迁、财富的聚集……都可能与公共利益发生冲突。具体到拆迁，官员为了物质利益与商人勾结，为了追求政绩捞取升迁资本，都可能让他们产生强劲的动力，以冠冕堂皇的理由来强力推行拆迁。所以，权力如果不制约，就会成为一把刀，刺伤社会、刺伤老百姓，必须用一个“刀鞘”，将其控制起来。权利，本身就应成为“刀鞘”的一个组成部分。

可是，我们看到的是，权利在权力面前如此孱弱，任由权力摧残。这样的权利，怎么可能制约权力呢！本来，我们的制度设计中，也有让权利制约权力的安排，无论是宪法和法律，都规定了公民这样或那样的权利，可为什么权利却起不到这样的作用呢？

问题在于，权利最终是要靠权力的保护才能实现。这就出现了一个矛盾：一方面，权利要对抗权力；另一方面，权利又要求权力的保障。而解决这个矛盾，关键在于权力本身的分立和制约，也就是说当权利受到权力的侵害时，必须有另外的权力为其提供保护。对于权力的制约有三种方式，权力对权力的制约、社会对权力的制约、权利对权力的制约，而后两种方式必须依赖前一种方式来实现。

于是，就回到了一个老问题，权力过于集中的问题。都知道权力过于集中在中国是一个普遍的问题，温家宝总理也曾说过，腐败最重要的原因是权力过于集中。在有些地方，一把手大权独揽，几乎可以随心所欲，谁升谁降，谁好谁坏，连谁是谁非，都由一人说了算。在这样的环境下，权力能不腐败吗？权利能不孱弱吗？恐怕不止老百姓的权利，就连很多机构，很多组织，都要沦为摆设了。

（原载《中国青年报》2008年1月12日）

律师在场制需要很高的警察支持率吗

[对于律师在场制，我们要考虑的是，我们的司法实践中有没有这个必要，我们的公民欢迎不欢迎，因为这本身就是为公民的权利保障而设。至于警察的欢迎程度，应不是主要考虑的。]

2006年初，关于“多数警察讯问时不希望律师在场”的新闻出现在几家媒体上，还出现有关的评论，如“警察讯问为什么不欢迎律师在场”等。看了这样的新闻和评论，不禁让人产生疑问和担忧：这一制度是否需要很高的警察支持率？假如很多警察不欢迎律师在场，这一制度是否就在中国得不到施行？

目前中国绝大多数警察讯问时不喜欢律师在场，这是能想象到的。警察自然热衷于通过讯问方式破案，而且不断摸索出新的讯问方法，不希望他们的讯问方法受到任何方式的掣肘。而律师在场的情况下，警察在实践中总结出来的有些方式就可能用不上，当然会影响他们所期望的讯问效果。

但是，律师在场制，却不能以警察是否喜欢作为依据。

设置律师在场制的主要目的，就是通过律师对讯问过程的监督，防止审讯人员滥用公权力，侵害被讯问人的合法权利。所以，讯问对象的“律师在场权”，本身就是和警察的侦查权相对抗的。制约权力有两种方式，以权力制约权力，或者以权利制约权力。律师在场权作为公民的权利，是对国家权力的监督制约。对权力进行制约的权利，如果要问被制约者是否满意，绝大多情况下，得到的答案不会是肯定的。

而且，律师在场制之所以被提出，就是因为我们的社会有了迫切的现实需要。近年来，警察刑讯逼供的恶性案件经常出现，杜培武案、佘祥林案、李久明案、王树红案……在刑讯逼供案中，被刑问者有的被冤杀，有的冤受牢狱之苦，有的被讯问酷刑致残，有的甚至就死在讯问现场。为什么刑讯逼供案这么多？原因在于警察讯问的权力没受到什么监督和制约。在这样的情况下，讯问的方式是否合法就完全取决于讯问人员，如果讯问人员破案心切，或者求简图易，本身素质又不高、法纪意识不强的话，就有可能讯问时不择手段，甚至不惜违法犯罪。所以，加强对警察侦查权的监督和制约，显得非常迫切，而律师在场制，从其他国家的司法实践看，是一个有效的途径。

事实上，我们出台一个制度，要考虑的是为何而设，要使主目标清晰，围绕主目标而行事，没必要考虑那些无关紧要甚至不相干的因素，特别是不能让那些对主目标的实现起阻碍作用的因素参与进来。在我们的现实中的确有不少求全、求皆大欢喜的思维倾向。比如，有个地方出现了一种新的权力机构——村务监督委员会，对村干部的工作进行监督。这本是个好现象，但是当地有关负责人在介绍这项新举措的存在依据时说：据对49个村的调查，村干部满意，群众也满意。这是什么理？对村干部监督，要村干部满意吗？

对于律师在场制，我们要考虑的是，我们的司法实践中有没有这个必要，我们的公民欢迎不欢迎，因为这本身就是为公民的权利保障而设。至于警察的欢迎程度，应不是主要考虑的。

（原载《中国青年报》2006年4月20日）

冤案常现，受伤的总是农民

[如果农民这样的弱势群体，其权利保护状况得不到改善，法律赋予他们的权利不能在执法者心里形成权力界限和执法顾忌，那么，刘俊海也不会是最后一个屈打成招、无罪受罚的公民。]

又见冤案。因一起特大杀人纵火案，河北邯郸村民刘俊海、刘印堂被警察带走后遭遇刑讯逼供，因忍受不了折磨，被迫承认一起犯罪。但杀人证据毕竟不足，于是公检法相互推诿，案件一拖再拖。这可苦了两个农民，他们在看守所一待就是15年。

没有犯罪却失去人身自由甚至被冤杀的事情，近年来曝光了好几起。这些案件看起来都非常相似，比如蒙冤者都受刑讯逼供，肉体和精神都受到很大伤害……其实，这类案件还有一个共同点，那就是受害者都是农民。佘祥林、聂树斌、赵作海、郝金安，没一个不是农民。

冤屈都发生在农民身上，当然不是偶然，笔者认为，案件背后反映了如何加强农民权利保护的重大社会问题。

多起冤案都是办案人员滥用权力践踏权利的典型。权力的滥用和权利的强弱是成反比的，权利能得到很好的维护，权力滥用空间就小，而权利一弱，权力就会无所顾忌。而公民权利维护状况，与整个社会法治水平有关，也与公民自身维权能力有关。无良警察草率办案，肯定也是分对象的。如果感觉对方不好欺负，自然要守规矩得多——践踏权利，毕竟也是有风险的；如果感到对方是个“软柿子”，想怎么摆弄就可怎么摆弄，在讲究办案效率和图自己方便等不良意图的驱动下，完全可能把办案对象不当人。而时下很多农民，无疑在权利维护上属于无良警察心中的“软柿子”。

毋庸讳言，农民在现阶段的维权能力的确不是很强。首先，相当一部分农民的维权意识不强。比如，熟人社会和农村文化，让农民特爱面子，一旦有亲人涉入违法犯罪案件，就觉得很丢人，不愿意伸出维权之手，甚至有意和涉案者划清界限。这种情况下，那些蒙冤者孤立无助，自身失去自由，又无人相助，案子就会陷入任人摆布的状态。而根深蒂固的“民不与官斗”、怕官、让官的传统意识，也让不少农民养成了忍让权力侵犯的习惯，不敢大胆地维权。

其次，在一些落后的农村，农民法律知识很欠缺，对于正常的拘捕程序、羁押期限、审讯手段等，不是很知晓，不知道如何应对，甚至不明白这些行为的性质，以至于不能理直气壮地主张自己的权利。

第三，农民维权的经济能力不强。卷入违法犯罪案件，走法律途径维权，就得聘请律师，而时下的律师费用，不是一般农民拿得出的。不排除有些农民在不能正确估计后果的情况下，情愿自身受一些委屈，也不愿意在经济上“出血”，步步退让，让自己越来越被动。

第四，农民没什么人脉资源。在时下的法治状态中，维权很多要靠人脉资源。有一定社会地位的人涉案，很快就有人递条子、打电话、送人情，这些人一般是不会受多大“委屈”的，说不定还会大事化小，小事化了。从总体上说，农民位于社会底层，与权力层接触的可能性很小，所以，农民一旦出事，没人可找。

虽然冤案我们见得不少，但如果农民这样的弱势群体，其权利保护状况得不到改善，法律赋予他们的权利不能在执法者心里形成权力界限和执法顾忌，那么，刘俊海也不会是最后一个屈打成招、无罪受罚的公民。无疑，在农村普及法律知识，培养农民维权意识，对农民加大法律援助力度，扶持农民维权组织，一切都显得非常迫切。

（原载《中国青年报》2010年6月10日）

死者“身份”能冲淡杀人的血腥？

[一个活生生的人被黑心矿主打死，这一暴行没有引起社会的普遍关注，倒是死者是不是真记者引起了那么高的重视，真让人哭笑不得。]

2007年1月9日，《中国贸易报》驻山西记者站工作人员兰成长一行在山西省大同市浑源县对当地黑煤矿进行调查采访时，当地一黑煤矿主指使暴徒对他们围攻，兰在挣脱后又返回营救同事时，遭到毒打，被送到医院后，因颅内出血抢救无效死亡。事后，关于死者身份的传言纷起，有人称其为“假记者”。随之，大同官方申明死者不是记者，有关官员开始义正词严地谴责假记者现象，一场打击假记者的行动也在大同雷厉风行地开展起来。

一个活生生的人被黑心矿主打死，这一暴行没有引起社会的普遍关注，倒是死者是不是真记者引起了那么高的重视，真让人哭笑不得。不管大同的官方是有意还是无意，客观上他们的做法都起到了这样的作用：将众人关注的目光引离了矿主打死人的暴行，淡化了杀人行为的恶劣性质和在社会上引起的公愤。

大同有关方面之所以认为死者不是记者，是因为死者是《中国贸易报》山西记者站聘用的临时工作人员。该市新闻中心主任说："如果没有记者证的假记者可以采访，那有记者证的真记者的合法权益岂非要受到侵害？"这种把是否属于正式人员、是否具有记者证作为区别记者与否的标准是不准确的。记者职业资格准入制度自2003年开始实行，有数十万新闻采编人员要进行培训考试后发证，按正常的进程，这些人有五年的过渡期；而且，现行《新闻记者证管理办法》规定，新闻机构正式聘用的非在编新闻采编人员也可申领记者证，条件是从事新闻采编工作且连续聘用时间达一年以上。根据这两个规定，无记者证的记者现在还不少，而以后一直都会存在。难道这些没记者证的记者都要以假记者论处吗？

事实上，无论死者是真记者还是假记者，这一事件中，最应引起社会高度重视的，还是黑心矿主的凶狠残暴、无法无天。

从接连不断、屡禁不止的矿难中，我们知道，很多非法煤矿，包括一部分合法煤矿，都是在拿矿工的命来换自己可观的收入。那些黑心矿主，一方面昧着良心榨取矿工的血汗，污染当地的环境，一方面拿着大把大把的钞票组团到大城市购房，显示自己的"荣华"。他们人性中的"恶"，社会上早已看清。这一次，他们的自私、残忍和嚣张再一次得到印证。他们心里只有自己的利益，为了获利，他人的生命可以不当一回事，而谁要阻碍他们实现利益，不管你是记者还是什么人，他们都会举起自己惯用的杀人屠刀。

有记者证的人不能打，没记者证的人就可以打吗？如果矿主在干非法的勾当，一个普通公民难道没有权利去检举揭发吗？他们不能帮助新闻媒体的人曝光非法行为吗？何况兰成长还是报社聘用的工作人员呢。无论怎样，矿主以恶致富、以暴敛财的事实是不能否定的。这样目无法纪、草菅人命的“恶”，是社会最应提防的，最应严厉打击的。

事发后，很多矿主表示他们经常受到假记者的敲诈。一位矿主表示，近来国家对安全设施不达标的私人煤矿打击很严，老是有记者来采访，他们一般出价八千元到一万元私了，不过很多记者都是冒牌货，根本拿不出记者证。矿主这样说，无非是为打人行为辩解。但是，他们的说词，不正好证明当地非法采煤现象非常普遍吗？如果不是非法采煤，怎么会接受敲诈呢？如果不是非法采煤大量存在，敲诈事件又怎么如此频繁呢？这难道不应引起当地的高度重视吗？

这起事件的发生，暴露了一些不正常的现象，发出了一些我们应该警惕的信息。但是，无论是当地官方的做法，还是有关人士关于死者真假记者身份的争辩，都不利于我们关注最该关注的重点，处理最该处理的问题，这应引起我们的重视。

（原载《杂文选刊》2007年第4期）

人有一到外地便想犯罪的天性吗

[要让外来人员都来爱护城市而不破坏秩序，要他们都能遵纪守法甚至品德高尚，最根本的办法，就是让他们感觉到他们是这个城市的主人。]

为从根本上扭转治安问题，广东东莞拟在每栋出租屋安装视频监控系统。这样做的依据，是因为长期以来，出租屋的外来人员成为东莞社会管理中的难题之一，大多数治安、刑事案件，都与出租屋有关。

将外来人员当作盯防的重要对象和治安隐患，我们已不是第一次看到。不止一个城市的人大代表、政协委员以及有关政府部门，曾建议提高城市准入门槛，限制外来“低素质人员”进入。他们最重要的理由，就是外来人员犯罪率高。不少机构都拿出数据说话，如北京市公安局统计，外来人员违法犯罪率占全部刑事、治安案件的66.7%……

外来人员犯罪率高，是一个不可否认的事实。我们要问的是，外来人员为什么犯罪率高？难道人有一种天性，一到外地就会有暴力倾向或者是犯罪的冲动吗？

我们见过不少这样的实例：有些犯罪的外来人员，他们在进城前，是本分守法的公民，甚至是老实巴交的人，而进入城市之后，却走上犯罪之路。他们之中有走投无路铤而走险者、有饱受欺压激愤伤人者、有遭遇不公仇视社会者……

对外来人员犯罪率高的原因，有过很多种分析，笔者认为，有一种观点是最不能被忽视的。这种观点认为，外来人员（主要是农民工），身在某个城市，并未因身处城市而享受到城市的好处，这就形成了一种边缘人心态，使他们缺乏认同感和心理归属感，有的只是隔阂感，容易导致逆反心理和对立情绪，从而成为潜在的犯罪动因。

事实证明，很多外来人员进入城市后，尽管他们为这个城市的建设和发展做出了很大贡献，可他们没被当作这个城市的一员来看待。据中国社科院人口经济研究所2005年的一份调研报告，我国改革开放20多年，1亿左右的农民工已占第二产业岗位的57.6%、商业和餐饮业的52.6%、加工制造业的68.2%、建筑业的79.8%。农民工的贡献如此之大，而生存现状却不容乐观：同种岗位工资更低，超时劳动且劳动条件极差，却得不到应有报酬；工资长期拖欠，多方奔走却得不到根本解决；没有选举权、子女入学无门、医疗缺乏保障……甚至，他们还时不时受到人格上的侮辱。比如，某地风景区禁止民工入内，某小区规定装修民工只能从旁门进入……在东莞厚街镇东溪村公园，“禁止外来工入园，违者将罚款100元”的告示牌，就挂了

1年之久。

这样，虽然外来人员与城市的“主人们”生活在同一空间，但在社会心理上，他们却存在着高度疏离感。这让他们如何心态平衡呢？如何让他们保持高尚的人格呢？又如何让他们去喜欢这个地方，从而爱护这个地方呢？我们都爱自己的家，为什么？因为家是自己的，我们是家的主人，在自己的家里时，能感到安全和温馨。所以，要让外来人员都来爱护城市而不破坏秩序，要他们都能遵纪守法甚至品德高尚，最根本的办法，就是让他们感觉到他们是这个城市的主人。

我们不少城市对待外来人员的思路，却恰好相反，对外来人员进行有罪推定，认为外来人口就是素质差，把外来人口作为“治安问题群体”看待，处处防备、限制，甚至提出要驱逐外来人口。这种理念在社会上有不小的市场，在第六届羊城“小市长”的竞选征文中，竟然出现了“定期遣返部分外来人口、亚运会期间限制外来工进出”等建议——连小学生中都出现这样的言论，可见“排外”思想的影响有多么深远了。

越是对外来人员采取敌视的态度，越是对他们采取歧视性的防范措施，治安问题就越难办，哪怕做再多的财力和人力投入。相反，倒是一些善待外来人员的做法，能起到良好的效果。据《中国青年报》报道，在苏州，没有“外来人口”的概念，只有“新市民”，没有打工者，只有建设者。结果，越来越多的外来人口在此安居乐业，形成了外来务工者权益得到保护、治安难题得到解决、投资者得到回报的“三赢”局面。

想想也是，进入城市务工的人，都是怀着美好的憧憬去的，每个人都有自己的人生价值和生活梦想，如果被善待、被尊重，谁愿意走向社会的对立面呢？犯罪行为产生，个人根源固然是直接动因，但社会原因也不应忽视，德国刑法学家李斯特曾提出，“最好的社会政策就是最好的刑事政策”。这句话在今天的中国充满现实意义。

（原载《中国青年报》2007年5月25日）

带薪休假：本是水中月，却成眼中钉

[在法治很完善的国家，政府宁可多投资上千万元也不强拆公民住房，为公民权利让道。而我们许多时候，动不动就要牺牲公民权利，这实在让人感慨。]

我国法规尽管已规定了带薪休假，但对很多人来说，也仅落得一个心理安慰而已。不错，有了法律规定，带薪休假就成了员工的权利，但这种权利实在脆弱得很。时下劳资关系、上下级关系的态势，让各种法律法规非常苍白。2009年，山东省出台规定，对拒不支付年休假工资报酬、赔偿金的，可以申请人民法院强制执行。想想，即便有单位不执行带薪休假，有几个员工胆敢提出强制执行？

于是，带薪休假就成了一弯漂亮的“水中月”。中国青年报社调中心曾进行过一项调查，结果显示，有54.5%的人从来没有享受过带薪休假。在参与这项调查的人中，46.3%的人已工作10年以上。有人更是表示：不说带薪休假，就是双休日也没保证。

可就是这样一纸规定，仍然有人不能容忍。企业主反对是好理解的，因为这直接影响他们的利益。之前也有学者表示，实行带薪休假会加重企业负担；现在，参政议政的政协委员也说话了。拿金融危机来说事，借口是非常好的。帮助企业渡过难关，时下谁不认为是一件大事呢？但问题是，不说金融危机之下，员工都为保自己的饭碗而惶惶度日，就是在平时，员工也不敢去“维权”呀。所以，委员的建议，就成了无的放矢，显得多余。

从两位委员的建议可以看到，职工带薪休假的权利多么的脆弱。按理，公民权利是不能轻易为其他事情让道的，只能是其他事情为权利让道。在法治很完善的国家，政府宁可多投资上千万元也不强拆公民住房，为公民权利让道。而我们许多时候，动不动就要牺牲公民权利，这实在让人感慨。

带薪休假到底能为资方带来多大的负担？休假时间，按规定，累计工作已满1年不满10年的，年休假才5天；满20年的，年休假才有15天。带薪休假执行得比较好的，是机关、事业单位以及国有企业，在这些单位，人手并不缺，带薪休假对单位的工作以及费用都形成不了什么影响。在私企，能连续工作10年的有多少人？所以，他们的休假，也就是5天，时下普通员工的工资并不高，难道说，这5天时间能对企业形成很大的负担？

即便是休假对资方形成了影响，那也是应付的成本。法规的严肃性，是靠执行的持久性、稳定性来保证的。如果说一点困难，就让法律规定打折扣，或是停止执行，那我们的法律成什么了？在公民权利、法律严肃性和企业利益的取舍中，无论是决策者还是建言者，当有清醒的头脑，做好轻重权衡。当然，企业的困难，不能不考虑，但要想别的办法，而不能拿公民权利做代价。

委员担心带薪休假会影响劳资关系。从长远来说，带薪休假，有利于员工调节工作压力，有利于促进雇主与雇员的和谐，调动劳动者的积极性，对企业主是有利的。

（原载《中国青年报》2009年2月13日）

强行扣捐不是慈善

[摊派能进行很多年，实在是因为教师敢怒不敢言。会长认为教师“按道理是觉悟最高的”，这意味着，不出钱就觉悟不高，也就不配当教师——明里是给教师们戴高帽，实质是威胁。]

在湖南省长沙县，教师工资单上有一项固定扣款，名曰“捐款”。据部分教师介绍，这项捐款叫“一日一元捐”，即一天捐一元，一年就是365元，2010年提高到400元。长沙县所有中小学都这样收取，而且进行了很多年。长沙县慈善会会长彭三明解释：教师按道理是觉悟最高的，思想境界也最高，不该在乎这三四百元钱。

这种“一日一元捐”当然不是捐款，而是摊派。一个乡镇教师月工资也就几百元，平白无故地少了几十元，他们能无动于衷吗？摊派能进行很多年，实在是因为教师敢怒不敢言。会长认为教师“按道理是觉悟最高的”，这意味着，不出钱就觉悟不高，也就不配当教师——明里是给教师们戴高帽，实质是威胁。当地政府正是凭着这一“杀手锏”，逼教师们就范。

“杀手锏”的威力来自公权力。“扣捐”完全是政府行为，民政局出主意给县政府，县政府布置给教育局，教育局命令各学校执行。依附于行政权力，与行政权力牵扯纠结，这是官办慈善的典型特征。

“郭美美事件”等一系列慈善丑闻被曝光后，公众对中国慈善组织的信任度降低。业内人士表示，慈善组织的问题早就存在，而且不断恶化，这次只不过是一次总爆发。这些问题的总根源在于慈善组织的管理体制，也就是慈善官办。

慈善官办，使得慈善组织的机构设置、管理模式、办事方式，都明显行政化、官僚化。慈善组织被纳入事业单位编制，负责人由主管行政机关任命，享有行政级别和相应待遇；工作人员多“参公”管理，待遇有财政保证。这种体制性弊病，使得官办慈善组织缺乏工作动力；一旦开展工作，必依赖政府配置资源，以行政化方式进行活动。而一些地方政府，很多事情往往要用慈善的名义来办，所获得的捐款捐物是用于解决政府的问题。这进一步加深了慈善组织和行政权力的关联度。

据媒体报道，2011年3月至5月，慈善组织接收捐赠总额62.6亿元，而“郭美美事件”后，6月至8月的受赠总额降为8.4亿元，降幅86.6%。长沙县的“强捐”事件表明，官办慈善要得到捐款，依赖的就是行政权力，而在中国，很少有权力办不到的事情。

长沙县的“强捐”事件并非个例。有调查显示，广东省内揭东等30多个地区的教师及公务员通通“被捐款”，款额少则

50元多则上千元，而大埔等贫困县，除了教育、公务员系统，事业单位和国有企业都是强捐的重灾区。时任广东省副省长刘昆就曾批评“建议捐款”“号召捐款”“向领导看齐捐款”等多种强捐行为。

权力撑腰，强行“扣捐”，还能叫慈善吗？慈善长期被冒用、滥用，就会被搞得面目全非，公众的慈善之心也会越来越淡漠。而社会是需要慈善的，很多处于困难的人需要帮助，更重要的是，慈善的根本是“善”，是靠大家发自内心的助人之心助人，在整个社会激励善，传播善。

（原载《中国青年报》2011年9月2日）

权利在蒙蔽中被买断

[公民权利救济渠道通畅，是每一个公民之福。对于各方面往往都处于弱势的农民来说，一个好的法治环境，尤其重要。]

黑龙江省鸡东县居民韩东通过经营权转让，获得该县向阳镇一块土地的承包权，但他实际承包的林地面积与合同相差5000多亩。韩东多次找镇政府协商未果后，将之告上法庭。一审韩东胜诉后，上百名村民上访，鸡西市法院撤销判决，发回重审。重审镇政府败诉，大规模上访再次发生，导致审理法官被停职，终审判决被撤销。然而，数次上访都由镇政府组织策划，上访村民是他们花50元一天雇来的。

镇政府不履行合同，表明法律在他们心里没有多少位置。如此确定的事实，如此明白的法律关系，法院判镇政府败诉，实属无懈可击，然而镇政府却对判决结果难以接受。也许在他们看来，堂堂政府输给一个普通百姓，是多大的耻辱，所以他们不惜动用公款，不惜破坏社会稳定，一定要争个高低。

韩东的权利受到侵犯，寻求司法救济是必然选择，法律是他权利的最后屏障。不光韩东如此，所有公民都如此。法制健全，公民权利救济渠道通畅，是每一个公民之福。对于各方面往往都处于弱势的农民来说，一个好的法治环境，尤其重要。

公民权利最大的威胁，本是公权力。“一切有权力的人都容易滥用权力”，权力总是趋向于无限扩张，权力扩张的最大受害对象，自然是权利。如果权力得不到有效约束，那权利就得不到有效保护。

因此，老百姓时刻对权力保持警惕，对权力欺负权利的事件保持高度敏感，不管侵害的是自己一个人的权利还是其他公民的权利。公民的权利，在自己的理性维护中变得强大，由此对权力形成制约。如果权利在权力面前孱弱无力，那么任何人都有可能成为受害者。

可惜，法律意识和文化知识还很缺乏的农民，很多还不能意识到这一点。当他人的正当权利受到侵害时，他们只是围观，有的甚至加入到侵犯的行列，或是不自觉，或是被利用。也许，对于农民来说，50元一天的工资已是不小的诱惑，或者他们被一些花言巧语蒙蔽。所以，向阳镇很多农民被镇政府策动，做了不明智的事。这些村民的行为，是在自毁权利屏障：镇政府能如此对付韩东，为什么就不会如法炮制地对付其他农民呢？镇政府每一次目无法纪的得逞，都会让其权力自我扩张，都会让他们疯狂膨胀，到头来受害的还是老百姓。

农民“助纣为虐”，是他们的单纯和贪图小便宜被镇政府利用。镇政府不但有义务维护法律的威严，还有义务提高百姓的法纪观念。然而，向阳镇镇政府却利用老百姓的知识缺陷，蛊惑他们破坏法纪，实在是无良政府。韩东称，县政府的有关领导曾让鸡东县公安局的人找他谈话，表示换届时不想出事儿，并以限制他的人身自由相威胁。看来，镇政府无良，县公安局也不怎么明白事理。

（原载《中国青年报》2011年5月20日）

现实冷漠超越了文学的想象力

[为生存而进监狱的事本来只在文学作品里出现过。如果说，人们连进监狱的“生路”都被堵死了，这样的人间冷漠，就远远超过了作家的想象力。]

四川省监狱系统集中清理多年来因政策限制而滞留监狱的数千名“老病残”服刑人员，已有千余名“老病残”通过假释和暂予监外执行回家。该省监狱管理局刑罚执行处有关负责人表示，省内监狱普遍反映“老病残”服刑人员多，其中部分服刑人员年龄较大或身体残疾，生活自理困难，需要人专门护理，管理难度很大。四川此项举动，被认为是“甩包袱”，把“老病残”犯人推给社会。

一段时间，媒体多次报道有人为治病、养老而故意犯罪进监狱的事。19岁的北京顺义区农民李大伟因患有严重的再生障碍性贫血，为了筹集很高的治疗费用，实施了抢劫，被判刑7年，但法院决定对其实行监外执行。没想到，李大伟在监外执行期间又实施了第二次抢劫，这一次他是故意进监狱来享受免费治疗。无独有偶，河南确山县的张伟，在广州萝岗无故滋事，殴打派出所协警，目的也是想进监狱“享受免费医疗”。除了治病的，还有养老的。湖南祁东县69岁的农民付达信，持刀在北京抢劫。在抢劫现场，他“鼓励”对方大声喊；警方将其抓获后，他要求办案民警把罪行写得严重些；在法庭上，他恳求法官重判自己。这位老人进监狱如此坚决，原因是无人为他养老。

这种现实，很多人用来类比欧·亨利的小说《警察与赞美诗》。文学作品里的情形，本来是通过夸张手法虚构出来的，是现实中很难看到的，目的是反讽现实。但不幸的是，小说虚构的情形不断在现实生活中发生。有人说，这是对我们的医疗保障体制的极大讽刺。我们的GDP不断增长，财政收入不断增加，富翁不断增多，但是，依然有人为了能治病、养老而选择蹲大狱。

可现实再一次出乎人们的意料：现在，想进监狱养老或治病，也不是那么容易了。不是吗，监狱也不欢迎“老病残”了，四川已开始对“老病残”服刑人员进行清理。接下来，还会有多少地方这样做？

虽然，四川监狱管理局的有关人员否认这是“甩包袱”，称他们是在法律规定的权限内办事，但是，他们的解释难以服众。为什么在申报假释条件中，“老病残”服刑人员积分只要达到正常服刑人员的60％就可以申报，而且不受提请比例名额限制？为什么集中清理的对象是“老病残”？他们解释，此次大规模假释有利于整合监狱和社会的医疗资源，使服刑人员得到更好的医疗和照顾。对于某些无依无靠的人，出狱意味着什么？那些本来就为养老、治病而进监狱的人，离开监狱不是意味着“最后一条生路”也没有了吗？在现实中，因为走投无路而选择结束生命的事不是没发生过，江西的农民工吴方华、陈爱华夫妇，因为土地歉收、打工收入被拖欠、家庭入不敷出，没有能力支付1859元医药费，双双跳江自尽。

为生存而进监狱的事本来只在文学作品里出现过。如果说，人们连进监狱的“生路”都被堵死了，这样的人间冷漠，就远远超过了作家的想象力。

（原载《中国青年报》2009年1月9日）

扶持弱校不能以阻碍人才流动为代价

[对于在“弱校”任教的老师，如果他们能去更有利于自己发展的地方，可行政命令却禁止他们流动，对他们显然也是不公平的。他们和原学校之间，只是劳资双方的民事关系，如果没有违反合同约定，或者愿意承担违约责任的话，他们完全有权利更换工作。]

石家庄市教育局近日出台《关于规范中小学教师流动秩序的意见》，为扶持薄弱学校和贫困地区学校、均衡教育资源配置，严禁公办中小学校违反政策招聘（调）市内其他学校教师，严禁未经批准到农村县（市）学校招聘（调）教师。

近年来，优秀中小学教师从“弱校”流往“强校”的现象非常普遍。后者不但名气大，教师待遇也好，无论哪一项，对教师都有很大的吸引力；而前者对于师资力量的流失，却没有更多的办法。随着学校之间师资“贫富”的加剧，一些弱势学校的教学质量受到很大影响，甚至影响到正常的教学。而这一切，政府不能不管，教育主管部门更是责无旁贷，石家庄市教育局的“禁令”，体现了他们对“弱校”的关心和支持，出发点无疑是好的。

但是，这种以束缚人才正常流动来保住弱校的教学资源的做法，却很值得商榷。

在市场经济条件下，人才作为最活跃的生产要素，其流动性是必然的。我国目前所倡导的就业机制，也是以“市场化”为导向的。

对于个人来说，人才在流动中发挥最大效益，实现个人的最大价值；对于社会来说，人才流动是实现人才资源最优配置的根本途径。所以，打破各种束缚人才合理流动的藩篱，制定和完善有利于人才健康成长、合理流动的政策措施，应是我们的大方向；而以行政手段为人才流动设阻，则往往要三思而后行。

作为学校，不可能考虑一个县、一个市甚至更大范围内的事，只会关注本校的事务，而促进学校的发展，是学校领导的本分。为了学校的发展，就要吸引优秀人才，在条件允许的前提下，以较好的待遇引进人才，也是正常的。对于在“弱校”任教的教师，如果他们能去更有利于自己发展的地方，可行政命令却禁止他们流动，对他们显然也是不公平的。他们和原学校之间，只是劳资双方的民事关系，如果没有违反合同约定，或者愿意承担违约责任的话，他们完全有权利更换工作。

政府对于人才的流动并不是不能干预，但应以“市场手段”为主。要保证一些弱校的师资需要，政府完全可以加大资金扶持力度，提高当地教师的待遇，给他们公平的发展机会，以留住人才。如果以禁令方式阻止人才流动，说是扶持弱校，事实上是那些弱校教师在承担“扶持”成本。更重要的是，这种以禁令的方式留人，就算把人留住了，也会“身在曹营心在汉”，适得其反。

（原载《中国青年报》2007年1月26日）

城市办大事，别总让人不开心

[一个城市办盛会，城市所有居住者，都会为之高兴，为之期待，外来人员也不例外。然而城市却让他们走开，不但没带给他们所期待的欢乐，甚至影响到他们的正常生活，让他们在那个城市无处安身。城市办大事，带给他们的是伤心。]

南京城管局表示，为迎接2014年青奥会，2011年起利用3年时间，对全市路牌全部更换。截至同年8月已更换326块，投资98万元，平均一块路牌花费3000元。如此高的路牌造价，引起市民很多议论。

更换路牌，让路牌统一、规范、好看起来，这是好事。但更换路牌总花费要近亿元，投入的确不小。造价太高，可能是因为材质太奢华，也可能是因为工程承包有猫腻儿，无论哪方面的问题，都让老百姓难接受。

路牌更换，是打着青奥会的旗号。城市办体育比赛等大事，本是让人高兴的事，但借办大事的机会大手大脚花钱，却让人开心不起来。前几天就有“南京政府欲花巨资统一房顶颜色”的传闻，如今“天价路牌”的事又出现了。有人说，青奥会其实更多的是有关部门花钱的机会，谁能证明说得没有道理？

其实，更多的城市办大事，都曾让百姓堵心甚至恶心过。上海世博会，外来人口成为重点管理对象，实行特殊时期最严格的外来人员、车辆出入登记制度；深圳大运会，更是变本加厉，出台违法政策，大规模开展“治安高危人员排查清理百日行动”，共有8万余名“治安高危人员”被清出深圳……

一个城市办盛会，城市所有居住者，都会为之高兴，为之期待，外来人员也不例外。然而城市却让他们走开，不但没带给他们所期待的欢乐，甚至影响到他们的正常生活，让他们在那个城市无处安身。城市办大事，带给他们的是伤心。

城市办大事不只让外来人员不高兴，本市居民也有烦恼。深圳为大运会做出规定，开幕式期间，面朝体育场馆的小区居民不得在家“逗留”，须离家约5小时。如不离家，则需要安保人员入户陪同。家是神圣不可侵犯的地方，可是一个运动会，却让人连家都不能安心待。

城市办盛会，其实是城市的喜事。喜事就应该带给人快乐，而不能给人添堵。办盛会，应是城市的发展机会，而不能被当作大搞面子工程、大手大脚花钱的机会，特别是不能被某些人当作扩大寻租空间谋取个人利益的机会；办盛会应该是城市的展示机会，而不应是政绩表现的机会；办盛会也应该是一次全城欢乐的机会，不能只让人牺牲，让人忍受。

事实上，只有盛会带给人欢乐和机会，才能让人接受盛会、支持盛会，让盛会办得更加成功。而盛会，也只有让更多人支持热爱，本身才能获得更多的发展，盛会所承载的精神也会得到更好的传播。

（原载《大河报》2011年8月1日）

更应该给无良企业建“黑名单”

[如果社会对媒体的报道活动缺乏适度的宽容，或者政府部门让媒体感到很大的压力，让媒体在报道时畏首畏尾，受损失的还是公共利益。]

卫生部新闻宣传中心主任毛群安表示，有关食品安全的报道产生的影响是巨大的，给国家的食品工业发展造成负面影响。为了打击或者遏制一些媒体有意误导人民，传播错误的信息，要加强传播的监控，如果出现重大的误导公众的信息，将对新闻媒体进行曝光，对极个别的媒体记者，也将建立黑名单。

事实证明，在揭露重大食品安全问题、保障食品安全上，媒体的表现一向是良好的。三聚氰胺、苏丹红、PVC保鲜膜、染色馒头、毒奶瓶、塑化剂……一系列食品安全事件中，无论是及时发现问题，还是大胆揭露问题，还是为解决问题充分传递信息，媒体都起到了重要作用。中共中央对外宣传办公室、国务院新闻办公室副主任王国庆认为，近年来媒体有效普及了食品安全知识，揭露了食品安全领域存在的问题，发挥了舆论监督功能，推动了问题的解决和食品安全法规制度的建设。

媒体对于问题的揭露，不可避免地会对某些企业甚至某个行业的生产经营产生影响，但这是必须付出的代价。对于被揭露的问题企业，让它们承受损失，甚至破产倒闭，都是应该的。我国的食品安全问题之所以一再出现，就与违法者付出代价太小有关。2011年6月13日，公安部治安管理局副局长徐沪表示，食品安全案件屡屡发生，很大程度上是因为违法成本过低。生命无价，食品安全大于天，在保障民众的生命安全和身体健康上，付出任何成本都是应该的。

媒体在问题揭露的过程中，很可能有些不实信息传播，但个别不实信息传播的负面影响，是发挥媒体积极作用所必须容忍的。报道食品安全问题，及时阻止问题破坏的扩大，需要媒体快速报道，而快速报道就会降低审慎性；有些问题，认清实质需要专业知识，媒体可能一时无法做出准确判断，这个时候，理智的做法还是把问题提出来，让社会去注意，让专业人员研究。如果为了准确就不报，一旦延误了问题处理的最好时机，社会成本可能更大。容忍媒体在报道上的一些失误，是次优选择，但也不失为理智的选择。

当然，媒体的过错不能放任。追究媒体的责任，可能还得借用国外的“确有恶意”原则。在美国，早已确立了在公共事件传播和讨论中追责的“确有恶意”标准，即对媒体的失实信息传播追责，必须确认其在主观上有实际恶意。所谓“实际恶意”，是指报道时清楚地知道自己使用的材料或信息是“虚假不实的”或对其使用的材料和信息的真伪“毫不顾忌”，存在明知故犯或严重失职的情况。这无疑是鼓励媒体为了公共利益而大胆报道和讨论，使信息和言论传播充满活力。

在食品安全报道上建立记者黑名单，有诸多不妥。记者报道活动是否有问题，是否该受到社会制裁，该有公开合法的判定程序，比如司法程序。如果由某个部门来判断某个记者是否不良，很可能因为利益牵扯或认识偏差，存在不准确不公正的问题，让记者受到不公对待。还有，对确实该承担责任的记者处罚，也有法律和纪律的规定，不能由某个部门来决断。列入黑名单的记者将受到什么制裁，是否存在暗中操作打击报复的可能，让人存疑。

假若说对记者都要建黑名单，是不是更应该“优先”给那些违法违规制劣造假的无良企业建“黑名单”？

保障食品安全，必须发挥媒体的作用。如果社会对媒体的报道活动缺乏适度的宽容，或者政府部门让媒体感到很大的压力，让媒体在报道时畏首畏尾，受损失的还是公共利益。

（原载《新华每日电讯》2011年6月15日）

为什么就没人争“安全第一”？

[对死难者的赔偿太少，实际在鼓励煤矿违规，压低安全投入的成本。事实上，就是这样的标准甚至比这还低得多的赔偿金，还往往得不到落实。]

2010年4月，中煤集团一建公司山西临汾碟子沟项目部会议室，成了王家岭矿难的抢险指挥部，墙上“勇争第一”四个大金字赫然在目。这象征着工程进度价值第一的四个大字，引起了抢险总指挥、山西省副省长陈川平的感慨，他说王家岭煤矿就坏在这个“勇争第一”上。

从实际情况看，王家岭矿难的确与工程进度挂帅有关。建设公司为了经济目标，将项目外包出去，并实行“进度考核制”，每年按工作量评选金牌队长，甚至给每个班每日定下进度任务，多了给奖，少了受罚。正是在这种风向标的指引下，各施工单位在进度上你争我赶，一味在量上争先。有了这种竞争导向和氛围，安全问题自然要被忽视。

“勇争进度第一”的导向该受到批判，但问题到此并未触及根本。为什么建设单位只争进度，不讲安全？为什么不激励重视安全的意识和行为，不营造“争当安全第一”的工作氛围？行为选择的背后，自有利益的权衡。

要进度不要安全，问题的根还在于安全事故的成本太低。死难矿工赔偿20万元，这是时下通行的标准。有人计算，20万元只相当于矿工几年的收入，远远达不到补偿的效果。人命关天，再高的赔偿标准也不能弥补生命的价值，所以，最重要的是要让夺命的矿难不再发生。而对死难者的赔偿，除了补偿和抚慰的效果，还必须起到增加事故成本，促使经营者确保安全的效果，最起码要让经营者在发生事故时的赔偿不低于在提前预防上的投入。在美国，大型矿难几年一遇，即使发生伤亡人数也少，而中国煤矿矿难的死亡人数却占世界的80%，差别主要在于，人家肯花钱采用最先进的采矿技术和安全防备设施。

有人说，对死难者的赔偿太少，实际在鼓励煤矿违规，压低安全投入的成本。事实上，就是这样的标准甚至比这还低得多的赔偿金，还往往得不到落实。中华全国总工会劳动保障部官员曾披露过这样的现象：矿难发生后，矿主一逃，赔偿找不到对象；即使找到了对象，钱也未必要得到，一个死难矿工的妻子讨要赔偿金，不仅没有拿到钱，还被人砍了，竟找不到人为其做主。在这样的状态下，如何能保持对经营者加大安全投入的压力？

矿难发生后，对责任人的处罚，也是事故成本的重要组成部分。但是，在责任追究上，很多时候未必动了真格。有些矿难发生后，也有官员被停职，但不久就能官复原位；也有官员被免，但不久就能异地为官，甚至有升迁；也有经营主被追究刑事责任，但都形同虚设。

事故成本如此低，而确保安全的业绩，未必得到人的重视。对于企业的经营评价，可观的利润可遮蔽一切；对于地方的政绩，光鲜的GDP可以代表一切。发生的事故，引人注目，没发生事故，有多少人能意识到，这才是真正值得关注的地方？

（原载《南方农村报》2010年4月3日）

Part2

举债无度背后的政治生态

地方举债无度，恶果还得百姓吞

[地方政府只管借钱不管还债的独特政治生态，让地方政府敢于举债，对于地方政府官员而言，谁借的越多，谁在任期内的政绩就越大，偿还能力不是他们要担忧的。]

中金公司研究报告预计，2009年末，地方政府融资平台贷款余额（不含票据）约为7.2万亿元，其中2009年净新增约3万亿元。预计2010年和2011年后续贷款约为2万亿—3万亿元，2011年底达到约10万亿元。10万亿元的地方政府负债约占中国2009年GDP的三分之一。

地方政府本来就不乏上项目的投资冲动，有了应对金融危机的经济刺激计划，有了宽松的货币政策，自然要抓住机会“大展宏图”，于是各种融资平台公司大量出现，各类项目纷纷上马，且规模尽可能大，有的财政配套资金与项目资金比例达到1：10，债务率远超风险警戒线。于是，政府的债台也越筑越高，央行的调研结果显示，很多地方政府的负债额远远超过地方本级财政收入，达到极限。

背负沉重债务的地方政府如何还债？地方投融资平台自身没有多少办法，全国3800多家政府投融资平台，很多根本没有固定的收入来源，有的严重资不抵债。于是，地方政府只能越来越依赖土地财政，通过保持地产高价，通过大量出卖土地来提高还贷能力。土地财政依赖症的后果，是房价高企，是很多人榨干几代人的积蓄来圆一代人的买房梦。说到底，是老百姓在削减自己的福利维持高房价。

因为高房价，近几年怨声四起，尽管政府可以不理会这种埋怨，但老百姓的承受力总是有限的，土地财政是有尽头的。地方政府来自土地的资金链一断，融资平台面临破产，沉重的地方政府债务还得转移给中央政府。一则大量地方债，由中央政府担保，最终责任在中央政府；二则地方政府留给银行大量的呆坏账，还得靠中央政府解决。20世纪90年代中期，中国银行业把贷款集中投向地方政府和国有企业的恶果充分显现，最后的结果，还不是中央政府埋单？

说是地方政府的债，其实是所有人的债。地方政府的债台高筑，中国政府的债也水涨船高。当政府的债务过重时，接下来就会是通货膨胀。历史经验证明，通货膨胀是政府用来减轻债务的法宝。研究表明，如果美国2010年的通货膨胀率达到6％，则政府债务在GDP中的比例仅用4年时间就能下降20％之多。事实上，当二战后美国政府的债务高到超过同期GDP时，严重的债务问题正是通过物价的不断上涨、借助通货膨胀得到化解的。学者早已指出，凡是有过政府严重负债的国家，都会有严重的通胀和货币贬值接踵而至。

通胀的结果，同样是老百姓承担后果。马克思曾经说过："通胀是对内的掠夺。"通胀到来时老百姓的财富会缩水，生活质量会大大降低。对于中高收入者来说，只是收入减少，对低收入者和穷人来说，可能还会生活困难。有人生活艰难，又会引发众多的社会问题，最终受伤害的还是普通百姓。

地方政府只管借钱不管还债的独特政治生态，让地方政府敢于举债，对于地方政府官员而言，谁借的越多，谁在任期内的政绩就越大，偿还能力不是他们要担忧的；而大国有商业银行拥有的分支机构多，委托代理链条过长，许多分支机构经营业务的过程中受到当地政府的干预和干扰多，则让银行不得不屈服于权力意志，违背本意放贷。一些地方债务增加没有止境，最终老百姓会因此承受巨大损失。

（原载《中国青年报》2010年3月18日）

过高的GDP目标对民生不一定是好事

[如果一味追求高速度，脱离了实际，助生了不好的现象，可能让一部分人面子上好看了，但更多的人为之承受痛苦，这实际上是不负责任的态度。]

2011年初，各地相继公布“十二五”规划建议。在全国31个省份关于制定未来五年规划的方案中，只有北京等五六个省份将“十二五”经济增速指标定为8%—9%，其余大部分省份的经济增速指标都定在10%以上，广西、江西、福建、安徽、陕西、山西、贵州、河南、黑龙江等地区预计GDP翻一番，一些省份甚至还提出人均GDP也要翻一番。

虽然这些GDP指标只是规划中的追求目标，但在目前的官场生态中，只要定了目标，一般是要“实现”的，否则影响官员的面子，影响当地的政绩评价。于是，为完成目标，各地都会想方设法，有的甚至不惜代价。

比如，一些地方会优先发展让GDP快速增长的产业，像房地产业之类。房地产和GDP的关系，并不难理解，房价越高、成交量越大，其所创造的GDP就越大。一套房子，原来价值只有几十万元，现在价值几百万元，GDP就提高了10多倍。不难理解，地方政府为什么津津乐道于房地产业，除了可以带来财政收入，还可以迅速带动GDP，何乐而不为？但是，高房价是以百姓住房难为成本的。政府越是专注于GDP，百姓的住房困难也就越大。

也有可能，一些地方会为GDP不顾环境和资源压力。国家环保总局曾表示，绿色信贷推行半年之后，并没有得到更多地方政府的认同。绿色信贷在一些地区遭到冷遇，主要是因为一些高污染项目往往是赚钱最快、利润丰厚的产业，发展这样的产业，对地方经济发展的拉动力度大。对于短期内能够促进经济大幅增长的项目，即使污染严重、一些地方政府也会不遗余力地支持，通过各种形式寻求银行的信贷支持。在环保总局组织的一次整治违法排污企业行动中，竟然清理出了208件基层政府制定的地方保护的“土政策”。而环境资源被破坏，受伤最大的还是老百姓。

还有可能助长数据造假。经济发展总要受条件制约的，在实际GDP目标难以完成的情况下，“注水”难免成为一种选择。实际上，数字造假，已不是什么新鲜事。据报道，国家重点扶贫县河北阜平县在保定市“工业西进”战略和“招商引资”热潮的促动下，数字造假成了显示政绩的主要手段，一个只有300万元的项目，竟被阜平县政府上报称完成投资1亿元。2009年，全国31个省市自治区公布的上半年GDP之和，比国家统计局发布的数字多1.4万亿元。这其中除了统计环节的问题外，难道与数据注水没有关系？

最后，还可能催生“坏的GDP”。有学者打了一个比方：如果一辆车在正常运行，它所产生的GDP是很有限的，而如果它同迎面开来的一辆车相撞，就会产生一系列的GDP：汽车修理厂、医院等等环节都被“撞出”了新的GDP，车祸越严重，那“撞出”的GDP就越可观。现实的注脚是，一些地方的马路，建了又挖，挖了又建，劳民伤财，还影响百姓出行。

对于一个地方的发展速度，一定要根据地方的实际，做出切实可行的规划。如果一味追求高速度，脱离了实际，助生了不好的现象，可能让一部分人面子上好看了，但更多的人为之承受痛苦，这实际上是不负责任的态度。

（原载《中国青年报》2011年1月26日）

出国考察经费削减20％是多大的节支力度

[将出国考察作为一项经常性工作内容，而且在政府开支中特设这项专门开支，渐渐地，出国考察的必要性已经很少有人去考虑了，出国考察成了公务人员的一种福利待遇。]

时任浙江省省长吕祖善宣布，2009年浙江省各级党政机关公用经费继续压缩5％，专项经费、会议经费“零增长”，各部门公务用车采购冻结一年，各级领导出国考察经费削减20％。

有论者将此举解读为对近期民意的一种积极回应，有媒体评论对此进行肯定和褒扬。那出国考察经费削减20％，力度到底是大还是小？

的确，20％的削减幅度不算小。但看削减出国考察经费力度的大小，必须与出国考察的必要性相联系。说到出国考察的必要性，有一些问题要问。

一、到底有多少事情需要出国考察？一些问题的解决，学习人家的先进经验是必要的。但绝大多数问题的解决，是靠自己的调查研究，通过试验和探索，靠自己想办法解决的。即便有一些事情非要向人家学习，在信息非常发达的今天，世界都成为“地球村”了，可采用的学习方式很多。时任国务院副总理王岐山就曾说过：我们学习国外先进经验的渠道非常多，所以不一定非要花时间、花精力到国外去考察。

二、出国考察到底能解决什么问题，解决了多少问题？国外先进的理念和经验，当然要拿来为我所用。但对政府机构来说，想以人家先进的行政管理理念和经验，来改造我们公共管理的面貌和水平，不是通过几次考察就能解决问题的。对此，考察者心知肚明。所以大多数的考察，实际上变成了旅游观光，一些领导干部借考察之机或赌博逍遥，或探亲访友，或安排子女留学定居，或为自己安排后路……贵州某市的机械行业出国考察团前往美国考察，在一次东道主举办的欢迎宴会上，突然发现团长不见了。事后团长自解“失踪”缘由：“我这次来美国，就是为了参加女儿婚礼的。”

出国考察如果必要，也应该是一种非常态的安排。而我们绝大多数地方，却将出国考察作为一项经常性工作内容，而且在政府开支中特设这项专门开支，渐渐地，出国考察的必要性已经很少有人去考虑了，出国考察成了公务人员的一种福利待遇。在上海某卫生机构，如果有人某年没有被安排出国，还会获得现金补偿。一位主任科员一年没轮到出国考察，得了一个1万多元的大红包。

正因为政府中的公务出国非常频繁，一些旅行社纷纷盯上这一财源和商机。比如，以高回扣争夺“客户”。网友公布的“公务员出国考察费用清单”显示，浙江温州和江西新余的代表团各自获得旅行社返利数万元。国家因公款出国考察承担了高额成本。《2004年度行政事业单位决算》显示，当年全国行政事业单位出国费用约为29亿元（其中出国用汇19亿元）。此后，我国官员公费出国考察现象愈演愈烈。“新余代表团”被曝光后，该市一些干部对此的第一反应竟是“他们运气不好”。因为在11月之前，通过江西省有关部门组织的出国（境）考察活动，仅新余市至少有20批次。这么大规模的出国考察，难道我们在评论“削减20%”的力度大小时，不能作为依据？

如果说出国考察的必要性是靠不住的，那出国经费的总数越大，造成的浪费就越大。所以，出国考察经费大规模削减，是相当有民意基础的。

据报道，浙江省削减20%的出国考察经费，是应对金融危机的措施之一。如果没有金融危机，是否有这一削减措施？这剩下的80%出国经费，在处于经济衰退时，是否还可以压低一些？这80%是否能为我们换回宝贵的经验，为国家造福，为老百姓造福？

（原载《中国青年报》2008年12月30日）

臃肿的机构能实现行政高效吗

[效率是成效和成本之比，要高效，就得低成本。但是，领导干部超过实际需要，是增加行政成本的重要原因。]

2010年深圳市科技工贸和信息化委员会除了一把手，还有11个副主任、6个副巡视员、1名机关党委书记、2名担任下属中心主任的党组成员，形成1正20副的庞大领导机构。而记者调查发现，庞大的领导机构不仅此一家，深圳市文体旅游局全部领导数量达到15人，其中9个为副局长；市场监督管理局党组书记与局长各一人，副局长7人，副巡视员3人；其他31个机构改革后的市级政府部门里的副职人数都达到十余人。

之所以要进行大部制改革，根本目的是提高行政效率。尽管之前深圳有官员表示，大部制改革不是减少机构和人员那么简单，但是，很难让人相信，一个领导干部严重超标的机构，能有很高的行政效率。

虽然大部制改革不以减少领导和人员为根本目的，但是，谁都明白，机构臃肿、人浮于事，一直是我国行政机构效率低下的重要原因。朱镕基总理在答中外记者问时曾表示，政府机关庞大，“吃饭财政”，把钱都吃光了。机构臃肿，领导干部多不但是具体表现，还是重要原因——领导干部多，为其服务的人员就多，其要安排的人就多。要提高行政效率，就必须改掉这一积弊。但是，连领导干部人数都减不下去，有谁相信这样的改革能有多彻底，能从根本上提高机制效率？

效率是成效和成本之比，要高效，就得低成本。但是，领导干部超过实际需要，是增加行政成本的重要原因。在一定的职位，就要享受一定的待遇。要配备一套服务人员，秘书、司机、相关文员不能少，有些领导不甘于闲差，还得专门给他“生”点事做，为人配机构的事，在时下的中国并非没有；公车不能少，从省到县的各级领导干部都需配备专车，甚至还攀比奢华；要有出国考察，越是闲的领导，考察就越有需要，一个厅局级干部出国到欧洲，公费至少支付3万多元，相当于西部建一所村小学的费用；要有相应的办公室，面积一定要达到级别标准；甚至还需要住房，时下很多地方机关变相搞福利房，领导的面积总是最大的，标准是最高的。而且只要是领导，不管是否管实事，只要其到下级机关，接待规格是不能打马虎眼的，领导多，下级机构的接待就多，人力物力投入就多，很多基层为接待所累。我国的“三公”消费居高不下，这与领导多无疑是有关系的，中央组织部原部长张全景就曾痛心地评价：一个省几十个省级干部，几百甚至上千的厅级干部，一县四五十个县级干部，让社会不胜其负。

成本增加，但不见得办的事就多、就快，很多时候结果恰恰相反。研究表明，组织规模一定的情况下，管理人员越多，信息沟通越迟缓，信息失真的可能性越大，一名主管人员能够有效地指挥下属管理幅度就窄，行政效率低下。领导太多，难免职责交叉和重叠，增加工作协调难度，如果碰上有人争权力，抢实力，那矛盾就少不了，结果只能是工作人员无所适从——“婆婆”太多且各有主张，工作人员不知听谁的，一些事情久拖不决；领导太多，下属人员的请示就多，很多时间和精力都在请示中浪费了，而且，分工过细，领导管得过于具体，直接影响工作人员的积极性；领导多，自然就会文件多，报告多，会议多，搞得下属人员疲于应付一些没有实际意义的形式。

深圳的大部制改革，一度被社会寄予厚望。行政效率低下被认为是影响我国改革发展的一大“拦路虎”，大部制改革到位，从根本上奠定高效行政的基础，形成一个充满生机活力的行政机制，对于我国经济社会发展意义深远。但这样的改革，困难是可想而知的，涉及重要的众多的利益调整，必然会遇到阻力，需要改革者拿出大无畏的勇气和披荆斩棘的精神，清除一切影响行政效率的因素。但是，“1正20副”的现状，很让人悲观，作为改革试点，深圳理应为其他地方的改革提供标杆和经验，试点不彻底，能保证其后的改革不流于形式吗？

（原载《中国青年报》2010年7月14日）

举国体制终有不堪重负的一天

[运动员的安置，对政府来说，是不可小视的压力。之前，也出现过邹春兰搓澡、艾冬梅卖奖牌的事，这已经表明，有些地方的政府有些顾不过来了。随着竞技体育的发展，政府会更难应付。]

前大运会体操冠军张尚武街头卖艺引起社会广泛关注，张尚武也随之开通了捐款账号。此举引起媒体和网友的质疑，有人指出存在幕后推手。而张尚武曾经的教练和队员则反映，张未退役时，就发生过偷盗、借队员钱不还，与女友同居等多种问题，受过处分。

虽然张尚武曾遭遇左脚跟腱断裂，但事后还能进行一定程度的训练，这说明张尚武虽不能从事特殊运动，但身体是健全的，具有完全的劳动能力，而且他正值青春年华。这样的条件，如果是一名普通人，不事劳作而要乞讨为生，肯定会遭众人唾之。然而，张尚武却得到了广泛的同情，因为感受到了这种同情，他才开通捐款账号。

无疑，张尚武在社会同情上的特殊待遇，是因为他的特殊身份和特殊经历。张尚武进入河北省体操队和国家体操队训练，在大运会上夺金，举国体制下，他的这些行为都被理解为为国家和组织做贡献，为国家和组织争光；而张尚武退役后生活无着落，被理解为“无情遭抛弃”。所以，对他的同情就容易产生。

对张尚武的广泛同情，其实是对有关部门的批评。事实上，有不少声音，就直指有关部门“卸磨杀驴”。也许是迫于压力，河北省体育局表示，要张尚武回家，商讨工作安排问题。而随着事件的升级，有关部门不得不“曝料”张尚武品行不端，以此来为自己的行为找一些正当性，赢得一些社会理解。

如果张尚武的不良行为都属实，那他的确是咎由自取，相关部门并没有什么“不义”之处。然而，假如张尚武并没有品行不正之处，仅仅是出于身体原因，不得不被淘汰，相关部门又如何避免陷入不义之地呢？办法只有一个，那就是给张尚武一个合适的安排。

的确，举国体制下，运动员退役后的安排，是政府推脱不了的义务。运动员的训练和比赛，都是政府意志组织行为，都是为国服务为国争光，那么，后果就该由政府负责。随着中国的体育成绩不断丰硕，各类冠军很多，这些冠军运动生涯结束后的去向，政府不能不管；冠军产生的路上，充满风险，训练和比赛中受伤甚至致残，都是常事，那些出意外的运动员，伤痛治疗和事后生计，政府也有责任。运动员的安置，对政府来说，是不可小视的压力。之前，也出现过邹春兰搓澡、艾冬梅卖奖牌的事，这已经表明，有些地方的政府有些顾不过来了。随着竞技体育的发展，政府会更难应付。

这种政府压力，来自举国体制。如果说，体育运动是商业模式，运动员训练和比赛，都是自己的事，那么，无论是运动员的伤残风险还是之后的生计问题，都有市场的解决方式，没有人去怪罪政府。

对运动员承受很多的责任，必然增加政府的体育重荷，也必然让政府掌握的资源朝一定方向集中。而资源过度集中竞技体育，是举国体制不可避免的，这一点，也开始引起人们的不满，批评声不断增加。因为，竞技体育占用大量社会资源，伴随着的是竞技体育与群众体育发展明显失衡，是大众体育发展的滞后和国民体质健康堪忧。

改变中国体育体制，呼声日显其强。李娜“单飞”后的成功之所以引起那么大的轰动，除了获胜的“稀缺性”，与人们对体育体制改革的期望也有很大的关系，希望李娜成功能推动改革向前。但是，种种迹象表明，李娜就有被拉回体制之内的可能。有关部门在固守举国体制，不给新探索机会时，是否想过，举国体制有朝一日会不堪重负呢？

（原载《中国青年报》2011年7月20日）

“买高不买低”不应只是一桩诉讼案

[官司的胜败结果，并不能成为政府采购的是非结论，因为官司胜败，只是双方在诉讼上博弈的结果，在某种程度上说，是双方诉讼能力的比较，而事情的是非曲直，并不是诉讼能力决定的。]

2011年11月，长沙市海韵贸易有限公司总经理陈荣向媒体举报，称湖南省财政厅、文化厅、省直机关政府采购中心在2010年的一起政府采购中，设置价格下限，放着价廉物美的名优产品不选，偏偏高价内定“山寨杂牌”中标，原本1500万元可以完成的采购，最后却以3000万元成交。陈荣针对三部门提起行政诉讼，但一审宣告败诉。

陈荣败诉，也许本在公众的预料之中。本来，民告官赢得官司，就是稀奇事，陈荣挑战三个厅局级政府部门，更是实力悬殊；而官司有官司的规则，采购的隐秘性和陈荣所处的位置，决定了他在取证等方面处于劣势。当然，官司还没结束，还不到终审，也许，最终结果也难出人意料。但是，官司的胜败结果，并不能成为政府采购的是非结论，因为官司胜败，只是双方在诉讼上博弈的结果，在某种程度上说，是双方诉讼能力的比较，而事情的是非曲直，并不是诉讼能力决定的。

湖南省文化厅相关负责人在解释设置价格的最低下限时给出了3条理由：一是法律法规没有禁止性规定；二是为了确保采购的质量；三是预算执行的需要，如果预算没有执行完，财政就要收回，必然会影响第二年的预算编制。

法律法规或许没有明文禁止政府采购设置价格下限，但是，这种做法正当与否，其实不难判断。政府采购采取招标的方式，目的是什么，不就是买到价廉物美的商品和服务吗？《预算法》规定，各级预算支出的编制，应当贯彻厉行节约、勤俭建国的方针。政府采购实际上是公共支出，节约不是公共支出的基本原则吗？所以说政府采购不设置商品底价，是不言而喻的。在保证产品和服务质量的前提下，价格无疑是越低越好。

设置价格下限当然也不是确保采购质量的手段，相反，价格高并不一定能保证质量好。对质量把关，靠的是严把质量关，靠专业的能力和细致入微的工作。价格高质量好，只是一种想当然的判断，没有专业把关，高价下仍会买到劣质产品。

当然，价格过低影响到正常的成本投入，会影响到产品质量，但质量保证，在政府采购中是必然的，没必要以价格下限来保证产品质量。而湖南的采购中，名牌大企业没中标，反倒是私营小厂和小作坊中了标，有些中标者本身生产能力都不具备，需要外包，这是确保质量的做法吗？

至于预算执行的需要，本就是不合理的潜规则。不合理的潜规则成了冠冕堂皇的理由，这不是荒唐之至吗？就此辩解理由，本身就已说明“买高不买低”的采购不是一桩诉讼案的事，该引起相关部门的深究。当然，这一理由可能还不是真相：政府部门要突击花钱，办法很多呀，那么多的民生事件要办，为什么不办？保障房建得如何？教育投入是不是到位了？非要在采购上花高价买小厂家的产品，在民众心里，除了腐败，别无其他。

政府采购买高不买低，不当之处那么明显，作为供应商的陈荣，本应是重要监督的主体之一。然而，现实表明，他在这条路上走不了多远。那么，相关职能部门呢，能眼睁睁地看着这样的荒唐之事招摇过市吗？

（原载《燕赵都市报》2011年11月15日）

“赢家通吃”是影响层级流动的一大痼疾

[“赢家通吃”会严重挤压其他人的发展空间。时下的中国，“赢家通吃”还有扩大化的迹象，不但官家通吃，而且资本通吃、名家通吃。]

家庭背景已成为就业过程中一道不断升高的“隐形门槛”，普通人家的子弟，难以进入社会上升通道，而有着强大社会资源的富有家庭的孩子，则可以轻松获得体面的工作、较高的收入以及更广阔的发展空间。这种状况加剧了由社会底层向中间阶层以及更上阶层流动的难度，形成阶层固化。

相信这种判断会得到很多人的认同。其实，影响社会底层向上流动的还有一个重要原因是“赢家通吃”，即以一个领域的优势为依仗，占尽另一领域的好处。比如之前媒体报道过的证监会原副主席、国家开发银行原副行长王益，在其位居要职后，不但被北京大学光华管理学院聘为博士生导师，还成为“音乐大师”，创作出的音乐作品《神州颂》半年内在全国演出了17场。而事实证明，王益并非通才，虽挂名为北大博导，但很欠缺经济学理论功底；他创作的音乐作品之所以“走红”，是因为观众基本上是各证券公司组织的员工。王益在学术和音乐方面的位置，不是基于他的天赋，而是基于他的权力。

这种现象，在时下的中国并不少见。有多少官居要职的人，在高校兼着院长或者教授、博导，或者在企业兼个董事、顾问？有多少阔老板，非要谋个红顶戴戴？高官巨富手伸得远，各路体育文艺明星也很活跃，刘翔获得雅典奥运会冠军后，就被其母校推荐免试直升研究生，专业任选，且硕博连读。

“赢家通吃”会严重挤压其他人的发展空间。不搞学术研究的人占据博士生导师的位置，其他从事学术研究的人就少了机会；官员的“优秀作品”横行市场，其他音乐人的作品市场就会减少了。

“赢家通吃”对社会层级流动的阻碍，极大威胁着社会和谐与稳定。本来，社会按照不同的标准，可以把人分为不同的层级，比如，按权力、财富、学识、声望，人都有自己的层级，在各种层级的都可上下流动。社会越发达，分层的维度就越多，人的层级上升渠道也越多。按照层级间的关联程度，社会学者把社会分为刚性和弹性两种结构。在刚性结构中，分层地位高度相连，一个维度中的层级，可能决定其他维度的层级，比如封建社会中的门第，资本主义社会的资本，可以决定一个人在所有分层中的地位，无论用什么标准去分层，结果基本一致。在刚性结构的社会中，各个分层地位还会有相互加强、相互转化的愿望和趋势，这就会限制层级间的交往和流动，影响底层人上升，容易在社会形成断裂带，引发严重的社会冲突。因为在这样的社会结构中，会出现一些社会集团板块，相互之间相对封闭，缺乏沟通、了解和信任，容易产生仇恨、对立和冲突。一旦发生冲突，又极容易蔓延和扩散，引发强大的社会震荡，甚至动乱。

“赢家通吃”在中国有很深的渊源，旧时代一人只要有了权力，一切就都不成为问题，这是官本位影响深远的原因。而时下的中国，“赢家通吃”还有扩大化的迹象，不但官家通吃，而且资本通吃、名家通吃。

（原载《中国青年报》2010年9月17日）

有钱盖政府楼无钱建学校到哪都无理

[学生上学在危房，政府办公在豪宅，两个画面放到一起，已经不需要任何的注释，所有人都能做出同一个解读。在这种条件下，再要辩解，还有必要吗？]

安徽省阜阳市颍泉区杨庄小学申请国际援助，日本人水谷准来考察，他看到的是：小学被庄稼包围，校舍都是危房，房顶和墙壁到处是裂痕，桌椅破旧。而在距杨庄小学十几公里的地方，他看到了颍泉区政府外表豪华的欧式办公楼（被当地群众称为“白宫”）。这种反差给水谷准留下了很深的印象，2007年6月，他发表了调查报告，引起了舆论的广泛关注。据调查，2001年，杨庄小学开始申请国际援助，而同时，颍泉区开始建豪华办公楼。

水谷准很奇怪，为什么政府有钱建办公楼，却无力改善一所农村小学。也难怪他奇怪，毕竟，在他们的国家，是完全相反的一种景象。据到过日本的人介绍，在日本乡村，最漂亮的建筑是学校。日本对教育投入高是众所周知的，日本用于教育事业的费用占国民收入的6%，居世界第一。重教育是明治后日本政府的传统，日本于1872年开始实行义务教育制，比许多先进国家还要早，最初普及义务教育的时候，一些地方政府甚至动用警察督促家长送儿童上学。中国清末年间给日本的战争赔款，他们没有用于水利、交通、军事或别的政府消费性开支，而是投入了教育。战后，日本政府提出“教育是国家的百年大计”的口号，坚持“尽量控制消费，把厉行节约所得投入教育”的基本国策。在这样一种传统的国家里，一个日本人，怎么能理解豪华政府办公楼和破旧校舍之间的反差呢？

不但日本人这样想，很多中国老百姓也这么想。能建起豪华办公楼却不去改善一个小学的办学条件，无论怎样也说不过去。然而，当地政府却还在辩解。

当地政府辩解的理由大致有三点：一是政府大楼搬迁，报经阜阳市委、市政府备案、批准后实施，程序合法；二是办公楼建设的是用区委、区政府旧的政府办公楼和土地折合成资金置换所提得，“没花公共财政的一分钱”；三是1997年后，学校的硬件设施建设都是国家投资的，国家在划拨危房改造资金时，地方能配套就配套，不能配套可以不配套，而颍泉区属于省级贫困县（区），根本无法配套。

没有人质疑“豪华办公楼”建设程序上的合法性，一个区政府，建一个不合程序的违章办公楼，可能性不大。当地政府强调他们程序合法，无疑是说，我们合法办事，有什么错？我们知道，法律规定，是对一个人行为规范的底线要求，作为政府，但求无过、但求不违法就行了吗？如果说，政府官员执政理念还留在这个层次，无疑有些太落后了。不说为官一任，造福一方，最起码，政府该做的几件最基本的事要做好，比如，义务教育。政府会想办法建办公楼，能通过置换的方式改善办公条件，为什么就不让学校也通过这种方式搬出危房呢？事实上，他们不但没这么做，反而为了给“豪华办公楼”让位，拆除了建于1990年代的高井小学，让学生们回到建于1960年代的破旧校舍里。区政府说他们属于穷困县（区），无法配套建校舍，可记者调查发现，他们豪华办公楼建设过程中却并不缺钱：新办公楼建设，发改委批准的资金只有825万元，按照承建方最初递交的设计和预算，开发商在建好新办公楼后，还要支付给区委、区政府100万元，可是这个方案被区委、区政府否定了，区委、区政府提供了新的方案，在新办公楼建成之后，区委、区政府还要支付给开发商500万元。

这一切都说明，颍泉区并不是没有财力改善当地基础教育条件，而是没有将教育当成自己的事，他们等着国家增加投资，等着人家外国人来资助，就是没想到自己想办法来解决。

事实上，学生上学在危房，政府办公在豪宅，两个画面放到一起，已经不需要任何的注释，所有人都能做出同一个解读。在这种条件下，再要辩解，还有必要吗？越辩解，越显出拙态，越表明某些官员执政理念的落后，越显示出有些人没有最起码的是非标准和知耻感。

其实，日方最终拨给杨庄小学的援助资金8万多美元，合人民币也就60万元左右，而颍泉区政府办公楼，一座约一层楼高的大理石阶梯，就花费了50万元。只要在办公楼的建设上稍微节省一点，就不需要日本的资助了。得了人家那么一点点钱，让人说三道四，真是太不合算。日本人的报告，肯定在不少国家传开了，我们算是在国际上丢丑了。这样的事情，我们如何向外国人解释？在人家那里，最漂亮的是学校，而在我们这里，最漂亮的是政府办公楼，这让人如何说呢，难道能说是国情不同吗？

（原载《中国青年报》2007年11月9日）

更要警惕高薪背后的权钱交易

[一些所谓的"高管"，所谓的"特殊人才"，只不过是手持与重要官员交易的"特别通行证"。能与重要官员交易，不但可像刘军那样获得"该承担义务不承担、违法违规行为不受追究"的特权，更重要的，能获得大量的资源，依此可财源滚滚。]

人社部劳动工资研究所发布的2011年《中国薪酬发展报告》称，我国行业之间、职工群体之间的收入差距逐步拉大的趋势没有根本扭转，部分行业企业高管年薪已经上千万元。报告建议，要规范高管人员薪酬，重点是问题比较突出的金融、房地产行业。

高薪，即便是天价高薪，也并非全部不合理，如果非凡地提高了生产力，增加了社会总财富，为大众带来了福祉，像比尔·盖茨、乔布斯那样，薪酬足够高，也未必有人反感。就怕有些人荣领高薪，而获取高薪的理由却是阴暗的，见不得光。有人说民众仇富，应该说，蛮不讲理，一味地仇视富人的极端者并不多，更多的人，不满的是致富的机会不均、手段不当。

规范高薪，能让最大多数人接受的方式，不是一刀切地压低薪酬，比如硬性规定一个标准，因为这样会打击一些杰出人才的积极性，因而会挫伤社会创新力。规范高薪，要点在于打击不合理、不合法的高薪。

时下有些“人才”很抢手，各单位高薪争夺。这类“人才”，不在博学，不在超人智商，而在于其背后的特殊关系。地产商刘军因一手创建“泰跃系”而闻名资本市场，他的北京泰跃房地产公司之所以能一时“呼风唤雨”，关键在于他重用“能人”皇甫炳君。皇甫炳君原在北京朝阳建委任职，与海淀区原区长周良洛过从甚密，刘军得知这一消息，就以200万元年薪、一套住房，外加800万元安家费的条件，将皇甫炳君招至麾下担任副总，专事公关周良洛。皇甫炳君果然给刘军带来了丰厚的回报，泰跃的账无人敢查，共计少申报营业税应税收入13亿元。当然，还有其他的好处。

原来，一些所谓的“高管”，所谓的“特殊人才”，只不过是手持与重要官员交易的“特别通行证”。能与重要官员交易，不但可像刘军那样获得“该承担义务不承担、违法违规行为不受追究”的特权，更重要的，能获得大量的资源，依此可财源滚滚。不能否认，时下大多数资源都是由政府主导分配的。企业人士感叹，一个城市90%的资源掌握在政府手里，要把事业做强做大，不得不跟政府“合作”。政府掌控资源，而一些政府部门的权力又集中在主要官员手里，像皇甫炳君这样能亲近政府要员的人，就成了企业眼中的宝贝，不惜重金养着。

“人际关系就是生产力”，各企业都深谙此道。2011年媒体报道，在中国内地市值排前50的上市公司中，有34位政府退休高官任独立董事，其中不乏副部级以上高官。企业如此热衷退休高官，众人心知肚明，无非是要利用他们的“余热”，除了他们的余威，还有他们培养的亲信、他们曾经的同事所构成的关系网络，还有他们与官员打交道的经验。有些企业为了发掘这类“生产力”，用尽各种办法，在招收新员工时就要“把关”，人员选择标准只有一条：亲属亲戚中，有没有能“用得上”的人。

很多高薪的背后，其实是见不得光的交易。有些交易，像皇甫炳君与周良洛那样，纯粹是把国家的钱塞进个人腰包，企业和个人发财，公共利益蒙受损失，罪恶大焉；有些交易，则是让企业不正当地获得机会，这样破坏经济秩序，损坏公平环境，危害市场健康发展，罪过同样不小。

高管高薪，拉大了薪酬差距，让贫富悬殊进一步扩大，不能小视。但这只是问题的一个层面，更深层的问题，是高薪背后的贪污腐化、权钱交易，这对社会的伤害更大更深远。显然，规范高薪，远不是压低薪酬上限的问题，而是必须规范权力运作，让权力处在有效的制约和监督中。如果权钱交易存在，即使表面薪酬降了，其他各种利益输送渠道还会出来；如果权钱交易得到控制，高薪的问题肯定会大大缓解——企业的钱来得不那么轻松了，花钱自然会珍惜。

（原载《中国青年报》2012年10月19日）

静安火灾的慈善捐款哪儿去了

[不愿公开，原因无非两个方面：一是善款去向的确见不得光。二是不屑于公开。长期被纳入行政体系的中国慈善机构，免不了会沾染一些官僚气、霸气，认为善款支出没必要让老百姓知道。]

2011年9月，距上海静安区公寓大火过去已近1年，近来一些受灾者表示，事故发生后社会各界共捐款4480万元，却只有约420万元发放到受灾者手中。于是以21名受灾者为代表的维权者，已委托律师追究其他善款的去向。

捐款总额和用于受灾者的钱是否真有这么大差距，目前还不得而知。受灾者表示，“4480万元”与“420万元”的数据，都来自相关媒体的报道，而媒体的数据都来自相关部门，由于沟通和统计等方面的问题，几个部门数据打架的事，时有发生。所以某个部门的数据，不一定有确定性。

媒体报道的事实也有阶段性特点，其报道的数据总是对应于某个时间点，而捐款总额却处于动态变化中，媒体报道的某个数据在某个时间点是准确的，但过了这个时间点，真实数据可能就变了。有些媒体的报道，只是“据某人说”，甚至是“据推测”“据估计”，不一定是正式的告诉。当然，也不排除有些媒体在报道时审慎性不够，出现一些虚假数据。所以，仅以媒体报道的数据来说明捐款收支的巨大差额，其说服力不是很强。

问题在于，受灾者为何要通过在媒体搜寻零散数据，来了解他们想要了解的事实？只能说明他们了解情况的渠道非常有限。收到了多少捐款，用到了哪里，用了多少，慈善机构不会告知，就算有人主动去问询，对方或搪塞，或“踢皮球”，可能就是不告诉你。

按理，善款去向是最需要透明的。把善款用到该用的地方，是捐助人的愿望，而尊重捐助人的愿望，是善款使用的最大原则。在善款管理上出现一点“污垢”，污染面会被极度放大。慈善机构主动、及时、全面地公开善款使用情况，自证清白，这比任何方式都更能保持和激励社会爱心。

然而，时下中国的慈善机构却让人看不出自证清白的主动。比如，上海静安区公寓大火的受灾者想知道善款使用情况，不得不委托律师，依据《政府信息公开条例》向上海市政府申请公开。不但一般民众获知信息难，就是出于公众知情权、监督权需要而报道的媒体，其获得相关信息也非常难。按理，慈善机构应主动联系媒体，依托媒体架设与公众沟通的桥梁，然而，媒体想获得信息，却需要扮演间谍、警察等多种角色。获知信息渠道不畅，其实也是一些媒体报道事实偶尔有出入的重要原因。

不愿公开，原因无非两个方面：一是善款去向的确见不得光，比如用于建楼堂馆所、被不合理挪用、被用来中饱私囊。这种情况下，真相自然只能想方设法遮盖。二是不屑于公开。长期被纳入行政体系的中国慈善机构，免不了会沾染一些官僚气、霸气，认为善款支出没必要让老百姓知道。

无论哪种原因，都是对捐助人及公众的极不尊重，也是对慈善事业的不尊重。慈善机构缺乏自证清白的自觉性，这是中国慈善事业发展的一大绊脚石。慈善机构肩负发展和繁荣慈善事业的重任，他们不带头尊重慈善事业，不珍惜和保护社会的爱心，中国的慈善土壤怎么能肥沃起来？

（原载《中国青年报》2011年9月7日）

香港实现巨额财政盈余值得借鉴

[如果为了一张全景图就可能随便花去财政30万元钱，这样的随意性得不到有效防治，那么，我们的财政开支就永远是个无底洞，再多的收入也填不满。]

2007—2008年，香港财政盈余达1156亿港元，香港财政司司长曾俊华正式发表任内首份财政预算案，建议以超过1500亿港元“藏富于民、支持弱势、促进长远发展、未雨绸缪”。其中税务减免335亿港元，派糖开支增加415亿港元，非经营性开支预算434亿港元，财政储备中预留500亿港元，作日后医疗改革用。

在这则新闻之后，很多网民留言，感慨这样的惠民措施之实在、直接，称赞香港政府以民为本，关注民生。其实，撇开香港政府这些财政盈余如何花，光是其能实现巨额财政盈余的事实，就已非常值得称道。

公共管理学的研究表明，政府有着低效率的趋势，而低效率的一个方面，就是花钱不太考虑成本。政府活动的收入具有非价格来源，政府活动中，成本与收入之间是分离的，也就是说，政府不可能像企业那样，根据可能的收入决定成本的投入，这种成本与收入的分离，使资源低效率配置的可能性大大增加，既定的政府产出，政府可能使用尽可能多的资源。正因如此，如果没有很好的约束机制，政府总是谋求最大预算，而且要用尽预算，乃至超出预算出现赤字。

所以，我们能看到：广州地铁2号线的概算是106亿元，结算时只花88亿元，省了那么多钱，地铁老总却受到批评；广州海珠区整治一条河涌，只花了部分拨款，结果将余钱上交市财政时，人家却说“绩效不好！怎么还剩一千多万”；河北的国家级贫困县阜平，县委书记花30万元，请人用美国的卫星拍摄全县实景地图；湖南郴州市永兴县把政府办公楼建成“人民大会堂”……所以，有些地方尽管各种各样的乱收费层出不穷，但还总是财政紧张，入不敷出。

香港政府是如何实现盈余的？香港财政管理有一些显著的特点。例如：理财理念简单有效，量入为出，不让政府开支增长超越经济增长，极力避免赤字；推行资源增值计划，在不降低公共服务水平的前提下，逐步削减政府运转的开支基数，创造性地采取资源增值措施，如重新设计工作程序，精简机构，按需求和使用情况调整服务水平，削减各种津贴的开支，节省设备的维修费用，节省办公室开支等；“政府开支”与“公共开支”有别，政府的公共开支包括政府开支，公共开支不仅包括政府开支的所有内容，还包括营运基金、奖券基金和房屋委员会基金，由于这些部分是财务独立而且依法自行管理的，所以并不列入政府预算中；独特的财政储备制度，在财政管理中发挥着“蓄水池”作用，当财政预算出现赤字时，政府便会动用财政储备填补该年度的收支差额，香港财政储备水平大致维持在4000亿港元以上；另外，还有编制部门预算依据量化指标，进行财政收支中期预测，等等。这些财政管理措施，为香港实现巨额财政盈余起到了重要作用。

当看到香港240万户家庭每户能得到1800元的电费补贴，每名月薪不足1万元者的强积金户口可望一次性注入6000元时，有很多人在羡慕。要想这些好处能降临到我们头上，我们首先必须有好的预算管理和财政制度，必须保证每一级政府都不乱花钱，每一分钱都要花得有意义，必须能有效约束官员的花钱冲动。如果为了一张全景图就可能随便花去财政30万元，这样的随意性得不到有效防治，那么，我们的财政开支就永远是个无底洞，再多的收入也填不满。这个时候，我们还指望财政有结余吗？恐怕只有勒紧裤带往内贴钱的份了。要实现这一愿景，香港的实例就在眼前，我们为什么不好好学习一下，借鉴一下呢？

（原载《中国青年报》2008年3月1日）

防止公车私用需严控更需重惩

[对公车私用有查处，但处罚不严厉，以至失去严肃性。在我国，不说受法律制裁，就是因公车私用影响仕途的人，都很少听说。]

为防止公车私用，一些地方要给公车装载GPS全球卫星定位系统。

从技术角度考虑，GPS是可以严密监控公车使用的。这也是欧美不少国家都在公车上安装GPS系统的缘故。一些政府或企业的公务车安装该系统后，不但可监督公车是否私用，而且可查追踪对象是否将上班时间私用、是否尽职尽责等，效果非常好。但是，这种高科技手段，是必须辅以事后严肃的处理，才能防腐防渎的。

在一些国家，对公车私用的处罚是相当严厉的。在美国，因公车私用被解雇是常事；意大利锡耶纳省省长布赞卡因用公车送妻子赴外地旅游（还是自己支付汽油费），结果被法庭以“侵吞公款罪”判处了6个月徒刑；不止在意大利，在欧美很多国家，公车私用都被列入犯罪，要受刑事制裁。

我国公车私用情况之严重无需赘述。公车私用一直在治理，各种治理措施也纷纷出台。比如，节假日集体封车，鼓励社会抓拍公车腐败行为，公车全部换上了G字车牌，进行“货币化改革”等等，但这些措施都没见明显的效果。有资料显示，我国公车使用至今还普遍存在“三个三分之一”，即领导干部公务使用三分之一，领导干部私用三分之一，驾驶员私用三分之一。

为什么这些措施不见效？关键在于，虽然对公车私用有查处，但处罚不严厉，以至失去严肃性。在我国，不说受法律制裁，就是因公车私用影响仕途的人，都很少听说。从中央到地方，禁止公车私用三令五申，可是有人就不当回事，因为即使被查获，最多也是定性为“纪律问题”或“作风问题”，那些教育、象征性地罚点款的处罚方式，无关痛痒，又如何能产生威慑作用？想想也是，公车私用，由于存在得太普遍，以至其不当性都不明显了，在不少人那里，都要变成一种人情世故了，在处罚触犯者时，如何严肃得起来。

公车装上GPS系统，需要不少的投入。安装费从上千元到几千元不等，每月还需几十元后台维护费用。一个城市的公车都装这种系统，费用不是小数目。如果说，投入这么大，查到公车私用者也就是教育教育了事，同样遏制不了公车私用，投入就不值了。在防公车腐败方面，只有投入不见效果的教训，不是没有。比如，某地的车改方案规定，按行政级别发放车改补贴，副厅级月补助1800元，正处级1500元，副处级1300

元……可进行补贴后，公车实际上还在使用，改革变成了增加官员福利，产生新的腐败。

在GPS系统采用上，如果说，防公车私用效果不突出，或者说官方所说的效果得不到老百姓的认同，那么，同样会让老百姓认为在变相为公务人员谋利。因为，GPS除了可对驾车者进行监控，还可以为驾驶者提供导航服务，很多私家车都自己掏腰包安装。

（原载《新华每日电讯》2011年1月28日）

环评给经济刺激让道了吗

[自从中央部署4万亿元投资计划，各地方开始“跑部钱进”并公布一系列项目和超过18万亿元的地方投资计划时，人们就担心：这么大的投资热潮，项目的审慎性如何保证？]

环境保护部在其官网披露，曾引起争议的厦门PX项目移址漳州的环境影响评价意见，已在2009年1月9日获环保部常务会议原则通过。而项目的总投资也从原先的108亿元升至137.8亿元。漳州市环保局办公室官员透露，至此该项目的环评基本结束，下一步根据福建省和漳州市的部署，可能在古雷半岛设立环保分局，并由漳州市建设部门牵头在东山县成立有各有关部门官员参与的项目管委会。

厦门PX项目2007年曾闹得轰轰烈烈，公众心目中的PX项目是一个污染很严重的项目，是一个当地老百姓不愿意接受的项目——谈到PX项目，人们的第一反应也许就是污染。所以，喧嚣了那么久的厦门PX项目移址漳州的环评一通过，就受到了舆论的高度关注。

被搁置了18个月的项目在这时通过环评，是因为环保措施有了更大突破，还是因为项目移址后对居民生活的影响大大降低了？目前没得到具体信息。然而，很多人肯定会把项目的环评通过，与中国的经济刺激计划联系起来。自从中央部署4万亿元投资计划，各地方开始“跑部钱进”并公布一系列项目和超过18万亿元的地方投资计划时，人们就担心：这么大的投资热潮，项目的审慎性如何保证？环保的原则和尺度是否会松动？媒体的报道似乎也在印证人们的担心，让人觉得环保审批似乎也要为保增长开绿灯：2008年11月26日到28日，环保部连续召开两次项目审议专题会议，批复项目环评文件93个，总投资达2600多亿元。环保部主动与相关部门进行沟通，探索建立现场评估、联合审查机制，加快项目审批进度，满足开工要求。在这样的背景下，厦门PX项目移址漳州的环评被通过，不正好加深了人们的怀疑吗？

环保不能给经济增长让道，这是可持续发展的要义。要实现经济社会可持续发展，除了国家要有相关的发展战略，各级政府要将战略落实到各项政策和措施中，老百姓的环保信念也是非常重要的。如果老百姓觉得政府的环保态度和政策只不过是橡皮泥，那整个社会的环保意识也会降低。在经济刺激计划实施的过程中，如何处理投资扩张和环保的关系是需要非常审慎的。所以，厦门PX项目移址漳州此时通过环评，也许不是很恰当。

如果说为了经济发展，这个项目一定要上，而且环保措施足以保证安全，那如何让老百姓认同和接受，将是接下来非常重要而且必须花大力气去做的工作。可以预测，工作的难度不会太小。厦门要上PX项目，当时有关方面的决心不可谓不大、态度不可谓不强硬，可还不是在老百姓的普遍反对和百折不挠的阻止下最终放弃了？

要让项目获得支持，首先，必须将环保措施尽可能详尽地向公众公开，要让老百姓确信人的健康可得到保证。其次，必须广泛征求老百姓的意见，要尊重他们的态度和选择。漳州市环保局有关官员已表示，项目必将公示。那如何公示、如何对待公示后群众的意见，都是至关重要的。总之，这个项目的群众基础如何，不但会影响人们对政府环保决心的认识，而且会影响人们对政府4万亿元投资计划的认同和信心，不能小视！

（原载《中国青年报》2009年1月14日）

Part3

有权势，无道理

起诉罢免申请人　谁还敢监督人大代表

[罢免人大代表是宪法赋予公民的权利，公民可自由行使。对于罢免理由，公民有自己的判断，而其判断是否和专门机构的判断一致，提出申请的公民对此无法保证。如果公民的罢免申请不被支持，就要为此承担相关责任，那罢免申请还怎么提出？]

杭州64名公民向该市下城区人大常委会递交申请书，要求罢免区人大代表、杭州喜得宝公司法定代表人赵之毅。申请被驳回，喜得宝却对罢免发起人张建中提起诉讼，称由于此事已使喜得宝形象受到严重损害，张建中应赔偿损失。

罢免人大代表的理由是否成立、程序是否合法，有人大专门机构裁定。可对罢免申请人提起诉讼，却有些不理智。

罢免人大代表是宪法赋予公民的权利，公民可自由行使。对于罢免理由，公民有自己的判断，而其判断是否和专门机构的判断一致，提出申请的公民对此无法保证。如果公民的罢免申请不被支持，就要为此承担相关责任，那罢免申请还怎么提出？

喜得宝称罢免申请使公司形象受到严重损害，这说法大可怀疑。任何合法的专门机构对纠纷的裁定，本就是一个明辨是非的过程。赵之毅是否有不符合人大代表身份及其他违法行为，不是某个公民个体说了算的，就算有人提出来，未必大家就相信，所以罢免申请未必会产生什么负面影响。而当地人大的裁定，本身就告诉公众，目前并无证据证明赵之毅有不称职行为，这在一定程度上还了赵之毅清白。甚至，罢免事件对赵之毅还有正面影响，如罢免申请引起众多关注，而人大裁定又支持了赵之毅，这不是免费的正面宣传吗？如果喜得宝非要认定，公众就是相信张建中而不相信赵之毅，所以对赵之毅和整个公司有影响，那只能怪所有公众和社会环境，也只能起诉所有公众。

由公民切实监督人大代表，是确保人大代表履行职责的根本途径。要做到这一点，根本的根本，是要人民决定人大代表的去留。其中既包括人民代表由人民选出，也包括人民能顺利地罢免不合适的代表。所以，要健全人民代表大会制度，促进中国民主建设，保证人大代表的素质，必须鼓励公民提出罢免申请，保持公民的民主意识和参与民主管理的积极性。

然而，现实中公民监督人大代表的意识很淡薄。一些公民认为，现在人大代表选举是搞“形式主义”，不由我们选，我们又怎能罢免？还有公民认为，代表也没有真正起到利益代表和维护人的作用，找代表不能解决多少问题，因而谁当代表关系不大。选民对自己选举出的代表履行职责的情况不闻不问，导致有委托无监督。所以，由张建中发起的罢免人大代表的事一出，立即广受关注，毕竟，这在全国都很少见。这种公民监督意识的缺乏，加上制度设计中对人大代表的监督并没有被放到很重要的位置，比如，每年一次的各级人民代表大会，也没有把监督人大代表列入议程，所以，监督代表在很大程度上被虚置。没有监督，代表就失去约束力，只有权力意识和荣誉感，没有责任感和危机意识，即使不履行职责，或明显不称职，甚至有违法行为，也能担任到届满。

所以，鼓励公民对人大代表进行监督，保护其监督积极性，就显得十分必要。对于少有的公民罢免申请行为，有关机构应当非常慎重，不但要热情接待，而且要为他们提供指导和方便，特别是要提防对公民的罢免积极性进行打击和扼杀。

（原载《中国青年报》2010年9月22日）

“豪宅局长”是好干部，理何在？

[从常情来看，别墅是与工薪阶层无缘的。周锡开属于公务员，其妻子是农商银行员工，都是工薪阶层，而他们却能拿下价值800多万元的别墅，不能不让人生疑。]

网友举报广东佛山市顺德区公安局副局长周锡开拥有上亿元住宅和商铺。顺德区纪委公布的调查结果称，未发现周锡开有违纪行为以及有资金来源不明和任何经济问题。顺德区委常委、纪委书记潘东生称，公安机关将继续调查发帖人的动机。

怎见得周锡开没有问题呢？调查报告说，周锡开及其妻子梁淑娇有两处房产：别墅一栋，价值837万多元，2009年首付167万多元，抵押贷款670万元，贷款期28年，月还贷3万多元；自建房一栋，土地是向容桂镇幸福村村民委员会购买，面积429平方米，周锡开办理了该地块建设用地及核发国有土地使用证手续，各项费用共计90万元。至于网帖所说的厂房及商铺，调查人员没有发现。

情愿网友举报不实，情愿周锡开是个好干部，毕竟，多一个好干部，官员队伍中就会多一分廉洁，老百姓就多一分安心。相信这是很多人的心理。但说周锡开是个好干部，需要证据，需要说服力，而现在公开的调查报告，却显然达不到这样的效果。

从常情来看，别墅是与工薪阶层无缘的。周锡开属于公务员，其妻子是农商银行员工，都是工薪阶层，而他们却能拿下价值800多万元的别墅，不能不让人生疑。别墅首付就是167万多元，这对于工资积累来说，已是一个难以企及的目标，可是，周锡开夫妇在之前还自建住房一套，就是按调查报告所说花费90万元，也已是一个巨大支出，他们是如何完成积累的？别墅月供3万多元，他们又如何支撑这样的重压？——别墅2009年才买，贷款期是28年，月供才3年，周锡开的妻子已辞职，在余下25年时间里，3万多元的月供靠周锡开一人的收入来支撑，这现实吗？更何况，周锡开的妻子还移民菲律宾，还在国外生孩子，这都是天价开销，钱又来自哪里？

当然，当地官方也说了，周锡开妻子属银行高管，收入很高，他们也有其他的投资收入。这里，其妻子收入及家庭投资收入成为“周锡开是好干部”的关键，在这个关键证据上，需要翔实，需要强证明力。妻子到底是什么高管？收入有多高？他们的投资收入是什么？有多少收入？证据并不难找，而且一摆出来，真相就会大白。然而，恰恰在这个关键问题上，当地官方只是一句话带过。这种粗心，有意还是故意？而这样的粗心，让调查结果的说服力大打折扣。

报告公开的账，不太让人信服。而周锡开自建房的合法性，也有问题。我国《土地管理法》规定：禁止集体向集体外土地需用人出让建设用地使用权，禁止村民向集体外成员转让宅基地和建设用地使用权，凡是集体外成员使用农村集体建设用地，都必须向国家申请，而不得直接向集体或村民购买。这说明，周锡开的土地购买行为是非法的。另外，法律还规定，集体土地未经征收不能变为国有土地，国家征收土地必须是出于公共利益，周锡开为了自家建房而“购买”集体土地，居然还办理了建设用地及核发国有土地使用证手续，这不是有人违法开绿灯吗？

“亿元局长”的网络举报，产生了很大的影响，要应对舆论质疑，调查结论得服人，服人要靠确凿的证据、严密的逻辑。让人难以理解的是，调查结论还没做到位，有些人开始质问发帖的正当性了，说要调查发帖人的动机。无论怎样，发帖人的动机都不是这个问题的重点。发帖人即使说错，对周锡开也并无伤害，有说服力的调查报告，不但能为周锡开正名，还能强化其正面形象，很多被污蔑的官员都通过真凭实据进一步赢得了他人的尊重。

腐败的危害，已被国家领导人提到“亡党亡国”的高度，而在反腐工作中，民众举报特别是近年来的网络举报，起了很大的作用。对于举报，其积极性更多的需要鼓励，而不能挫伤。举报线索中涉及的事实要认真调查，给举报人以及公众满意的交代；即便是举报存在不实，也必须有足够的包容，不能因此怀疑人的动机，特别不能对人进行打击报复。否则，只会让反腐越来越难。

（原载《法治周末》2012年12月19日）

对副县长性爱日记该“查清”什么

[一个县政府的领导，如果有那么多负面新闻在身，不仅有损这个县政府的形象，也不利于老百姓认识评价政府整体。应该查个水落石出，如果县领导被污蔑，应该以过硬的事实为领导正名；如果真有官员败类，也应该及时清理出去，让其接受法律制裁。]

网友发帖称，湖北恩施一名副县长在将电脑送修时，暴露了其日记。日记曝出该副县长与煤老板M共享二奶，并与M合谋策划，借招商引资名义，将出产6500大卡优质煤炭的该县五台煤矿二号井转至M名下，副县长得15%干股。网帖直指时任恩施来凤县副县长邓国建。但邓国建表示，网帖是无中生有，他已将此事向县相关领导汇报，该县已组织了专门的调查小组，一定会将这个事查清楚。

副县长是否真写了这样的日记，是否真在电脑送修时被暴露，目前还不得而知。不是没有可能，日记是“策划”出来的。如果说，真有这样一名副县长，和奸商勾结，有权有势，就算为非作歹，一般人也奈何不了他，无论是检举还是上访，都可能在人家手掌心里翻腾。而通过网络和媒体将事情公之于众，引起有关部门的重视，无疑是时下最值得选择的方式之一。

无论是真日记还是“策划”出的日记，如果真揭出了一个巨大的黑幕，揭出一个恶贪、一批恶商，那这“日记”就有很大的意义。网帖中揭露的副县长行为是非常恶劣的：假借政策名义，欺骗上级主管部门；开空头支票，诱骗矿主同意合并煤矿；以权力入干股，坐享丰厚收入……这样的官员，纯粹是一流氓、强盗，哪能待在领导岗位上？让其执掌权力，无非是增加其掠夺资本，让其进一步祸害社会。

由于网帖中还附了一张日记男主角的照片，照片又与邓国建极为相似，邓国建才有了“诽谤”之说。邓国建说，该县已组织了专门的调查小组，一定会将这个事查清楚。“查清楚”指什么？是指发帖这件事吗？因为话出自邓国建之口，他俨然就是调查的施动方，让人感觉，调查就是查发帖的事，比如，谁是幕后指使者，动机是什么，等等。

但是，调查这件事的主要方向，却不能是发帖行为，而是帖中所说的事实。帖中所述事实干系重大，无论是从查处贪腐的角度，还是维护老百姓权益的角度，还是纯洁社会风气的角度，那种行为都是绝不能容忍的。而且，发帖行为的性质，要依赖所述事实的真假来确定，如果调查证明帖中所述事实为真，那网帖就是对社会的一大贡献，该受到褒扬。

网帖实际上提供了一重要的反腐线索，对于线索，有关部门必须重视。县一级的调查小组已经成立，但考虑到涉及的本身就是副县长，调查小组能脱开副县长的影响吗？我们知道，在县政府范围内，上下左右，都可能与副县长有复杂的联系，难以独立公正地进行调查。更何况，调查小组是应当事人要求设立的，很有可能，在成立时调查的方向就已确立。这样的调查，难以让人放心。所以，应该由上一级的政府部门组织调查，就事情真相一查到底，给公众一个交代。

事实上，针对邓国建之前就有网帖爆料，说他引见介绍的借款行为，债权人一直讨不回债款。而对于这件事，也没有过结果。然而，对于这类行为，是不能没有结果的。一个县政府的领导，如果有那么多负面新闻在身，不仅有损这个县政府的形象，也不利于老百姓认识评价政府整体。应该查个水落石出，如果县领导被污蔑，应该以过硬的事实为领导正名；如果真有官员败类，也应该及时清理出去，让其接受法律制裁。

（原载《广州日报》2011年8月25日）

三六九等过堂待遇

[被害人、委托律师、被害人亲属，在法院工作人员看来，都是那么的不懂规矩，可是张治安在法庭能那样嚣张，其胆气从何而来？一切都是那么偶然，然而一切又让人感觉背后有某种必然。]

看到了安徽阜阳“白宫书记”张治安之前不可一世的嘴脸，自然很想看到他作为阶下囚的样子。可是案件庭审这一天来得特别迟，在检方侦查期间，曾延长审查起诉期三次，被退回补充侦查三次，一直到2009年11月19日，庭审才姗姗到来。

迟来，总算来了，可偏偏又“犹抱琵琶半遮面”。在案件审理中，前来参加旁听的媒体记者和公众，都吃了闭门羹，说是公开审理，却见不到公开的样子，就连多次试图“混入”法庭的记者，也被工作人员的“火眼金睛”识出，轰出法庭。如此引起广泛关注的案件，按理，为了满足公众的知情权，应尽可能满足公众的旁听要求，可是当地法院偏偏就缺少这份细心。

该公开却不公开，多少反映了当事法院的某些不自信。而从实际效果来看，法庭审理的确不成样子，用一位出庭者的话说，就像一场闹剧。说是闹剧，却又分明能看出一种严格的秩序，那就是不同的当事人，有不同的待遇。

“白宫书记”进入法庭时，身穿深蓝色便服，须发干净；而同他一同受审的颍泉区人民检察院原院长汪成均，则身穿标有“看守所”字样的黄色马甲。

“白宫书记”照样不可一世。他对法院安排的律师一个也看不上，法院先后给他安排两个律师，他不是嫌对方不了解案情，就是说对方跟自己观点不一致，都加以拒绝。看不上律师不打紧，这个“白宫书记”竟然还看不起法官，申请芜湖市中级人民法院回避，理由是法官对法律的理解低于公诉人员平均水平。他甚至想把公诉人员也逐出法庭，理由是起诉书中对他的起诉都是假的。如此胡闹，法庭对他表现出了足够的大度。

然而，对于被害人及家属一方，法庭却显得“铁面无情”，没一点宽容。有人因说话大声而被架出法庭；有人在法庭上鼓了一次掌，被禁止继续参加庭审；被害人的委托代理律师的电脑，也被法警强行上前收取，以致律师和被害人家属一同退庭。

法庭审理为什么“犹抱琵琶半遮面”，为什么当时各方能有如此差别的遭遇，事后法院给出了说法。那么多的人进不了法庭，法院说旁听证有限；张治安未穿囚服出庭，法院说，法律并没有明确规定被告人一定穿囚服受审；至于为什么被害人委托律师的电脑被没收，被害人及亲属为什么被逐出法庭，法院说全是人家的错。

这种解释，很有些掩耳盗铃的意味。法律的确没规定被告人一定穿囚服受审，可是，这种缜密的专业思维，怎么只在张治安身上得到了体现？我们见过太多的公开庭审，为什么被告人都身穿囚服，甚至和张治安一起受审的另一名被告，也穿着囚服？法庭容不下很多人，也是，一个能容纳六七十人的法庭，相对那么多想参加庭审的公众人数，自然不够用，可是，法院有能容纳一两百人的大法庭，为什么不用呢？法院明明知道这起案件的关注度很高呀！被害人、委托律师、被害人亲属，在法院工作人员看来，都是那么的不懂规矩，可是张治安在法庭能那样嚣张，其胆气从何而来？一切都是那么偶然，然而一切又让人感觉背后有某种必然。

必然的背后，让人感觉到了一种坚固的地方堡垒，感觉到了一个法治灰点。如果说，这灰点不被抹去，这堡垒不被攻克，“白宫书记”即使受审，又有什么意义？只会反过来让法律蒙羞，让正义受辱。而官场霸气，仍会盛行，张治安之类的贪官，还会不断出现。

（原载《晶报》2009年11月25日）

懒得自证清白

［应该自证清白，可以自证清白，但是就是懒得去做。这“懒”的背后，体现的是权力的极端傲慢。清白应是公共管理部门的基本形象，可在有些人看来，清白不清白，又能怎么样，你们爱咋说就咋说，翻不了天。］

在全国高速公路统一编号和命名工作中，上海有约5000块路牌需要更换，但是据报道，整个更名的投入需要2亿元。换算一下，一块路牌要花4万元成本。这不能不让人怀疑，集作家、车手等身份于一身的韩寒在其博文中直称“最贵的铁皮”。离奇的事件加上名人效应，上海路牌事件迅速引起广泛关注，上海政府有关部门也被推到舆论的火山口。

事情真是这样吗？上海市公路管理处相关人士表示，斥资2亿元更换的不仅仅是5000块指示牌，实际上此次路牌更换是一个庞大而复杂的系统工程，整个高速公路需要更换的远远不止这个数目。

这种解释要能很好地说服那些质疑的人，恐怕很难。因为这答复过于含糊、笼统。更换的路牌不止5000块，那么到底是多少？政府在确定一项重大投入的数目时，肯定要做预算，在预算中，像换多少路牌这类的数字，应该是具体的，要不，这2亿元投入的依据从何而来？而对众多的质疑，把具体数字以及数字如何得出的依据摆出来，公众自会做出判断。如果数字和依据合理，质疑就会应声而息。

但是，有些人偏要含糊其词，明明很容易自证清白的事，就是不去还自己一个清白之身。这种事情，我们已经不陌生了。比如房地产的成本问题。在2009年全国两会期间，全国工商联向政协递交了一份《我国房价何以居高不下》的大会发言稿，称某个地方的开发项目利益中，流向政府的份额高达64.5%。房价过高，很多人把矛头指向开发商，而开发商却说自己是冤大头，罪魁祸首其实是政府。按理，政府这个时候应有个像样的说法，因为，保证民生，让百姓住得上房子，是政府的责任。然而，却没有哪个部门站出来，把房地产成本问题说个清楚。按理，政府要是自证清白，在技术上并不难，把土地出让金总额和土地出让总量如实公布，问题就水落石出。但就是迟迟见不到人这么做。

还有，武汉市经适房摇号中出现“6连号事件”。据测算，这样的概率是千万亿分之一，自然引起众多质疑。这个时候，官方该向公众说个明白吧，但是，武汉市数个政府部门联合召开的新闻发布会，仅进行了约55秒钟。

应该自证清白，可以自证清白，但是就是懒得去做。这“懒”的背后，体现的是权力的极端傲慢。清白应是公共管理部门的基本形象，可在有些人看来，清白不清白，又能怎么样，你们爱咋说就咋说，翻不了天。

也许有人会说，这不自证清白，也未见得就是人家不拿百姓的意见当回事，也许他们认为，清者自清，浊者自浊，真相会自白于天下。这句话用在个人的为人处世原则上可以，但是，用在公权部门的行政方式上，则万万不可。这样固执地行事，影响的是公务部门的形象和威信，影响的是社会和谐的基础。

事实上，在一些法治和民主制度比较完善的地方，公权者不但讲究及时自证清白，而且他们还在行政方式上努力避开嫌疑，以免招来脏水和误会。比如，在一些公共服务项目的建设上，总是尽可能引入市场机制，在市场、企业能有效发挥作用的地方，政府都退出。这既是出于效率和效益的考虑，同时，也是一个政府保持清白之身的好办法。

（原载《晶报》2009年10月15日）

真是“老虎屁股摸不得”

[在有些地方，公职人员却是“老虎屁股摸不得”，只能说他好，不能说他坏，即便是明明自己有错误，人家也不能说什么，一说就火冒三丈，甚至很长时间以后还要记仇，不忘找机会报复。]

因有人反映浙江台州椒江区电动车上牌照存在不合理收费现象，《台州晚报》进行了调查，并发表了一篇调查报道。椒江区交警大队队长李小国以报道失实为由，到该报社质问，与报社副总编辑吴湘湖发生肢体冲突。随后，李召集10多名下属，将吴湘湖拖出大楼塞进警车。吴湘湖称，在电梯中，有人扯他的头发，有人用皮鞋踹他，致使他大便失禁。

看到这则报道，读者一定想知道，《台州晚报》在那篇报道里到底写了什么，以至于把当地交警得罪成这样。

事实上，如果读一读这篇报道，就可看出采编人员在处理这篇报道时为规避风险，是如何小心翼翼、谨慎周到。

首先，文章并没有肯定什么，只是提出一种质疑。题目就是一个问句：电动车上牌，乱收费吗？其次，文章里没有一点记者自己的判断，全是所见到的所听到的机械记录，看到了谁、看到了什么、在哪看到的、谁说的、在哪里说的，全都记录得清清楚楚。第三，记者不是自己单独行动，而是跟随市机关效能监察投诉中心工作人员前去采访。第四，报道发表前，经过了台州市纪委有关部门的审核。第五，也是最能体现采编人员害怕惹事的地方，该文在后面实际上是表扬了那个交警大队队长李小国。请看这些文字："对于照相价钱高于市场价格的现象，李队长随即打电话给非机动车管理所负责人，要求按市场价格定价，撤销现在拍照的人员，多收的2元钱退还给电动车用户，重新寻找照相，只要能够提供符合要求照片的，不管在哪里拍的，都是允许的。"

但是，就是这样的报道，竟然招致人民警察兴师动众，大闹报社，甚至光天化日之下用武力挟持人。

这件事，除了暴露了某些警察的霸道专横，也折射出媒体进行监督是多么的艰难。

谈到新闻媒体监督，应没人否认其作用。但是，媒体怎样才能进行监督呢？连一个小心翼翼，甚至为了怕得罪人还想方设法讨好一下人家的报道，都使有关人员的人身安全得不到保证，我们的媒体还能做什么批评报道？

媒体要能挺直腰杆进行监督，我想除了法制上要为媒体监督提供充分保障外，那些行使公权力的公职人员承认错误、接受监督、尊重舆论的表率作用是非常重要的。正是因为华盛顿在媒体经常对他进行批评和攻击时采取容忍的态度，杰斐逊在媒体甚至点名谩骂他的时候，他仍坚持“宁要没有政府的报纸，不要没有报纸的政府”的理念等，才使得美国的媒体监督环境不断改善。

而在有些地方，公职人员却是“老虎屁股摸不得”，只能说他好，不能说他坏，即便是明明自己有错误，人家也不能说什么，一说就火冒三丈，甚至很长时间以后还要记仇，不忘找机会报复。在媒体报道中，公职人员粗暴对待记者、谩骂殴打记者的事情并不鲜见，甚至有警察在记者遭遇行凶而求助时，置之不理。在这样的情况下，出现台州那样的事件就不奇怪了。在这样的环境下，我们的媒体怎能进行批评监督？

针对这起事件，浙江台州椒江区委书记王建平表示，要区公安局党委对此事吸取教训，自觉接受新闻媒体的舆论监督。事实上，这件事对于台州以后的舆论监督环境是非常重要的。如果这件事被轻描淡写带过去了，那么，当地的媒体就着着实实地被教训了一回，以后再也不敢监督了。如果这件事情真的得到严肃的处理，那些试图教训媒体的人得到了教训，那么，无疑对当地舆论监督环境的改善有重要意义。

（原载《检察风云》2005年第22期）

法院判案岂能“蹚浑水”

[判决由法官独立做出，但是，判决的公正性，却必须接受公众的检验，由公众来评价。法院判决是由国家强制力保证执行的，但法院判决要得到好的执行，还必须依赖于判决的公正性。]

内蒙古男子吴保全在网上发帖举报鄂尔多斯市征地问题，因此两度被鄂尔多斯市警方跨省区抓捕，第二次以诽谤罪被判刑1年。吴不服而上诉，市中级法院以事实不清为由裁定重审。结果，在没有新增犯罪事实的前提下，刑期却从1年改判至2年。吴再次上诉，市中级法院维持了原判。面对记者“为何在事实不清的基础上，维持了没有新增犯罪事实的加刑判决”时，参与合议过吴案的鄂尔多斯市刑事庭副庭长刘银福称：这个没法说，吴如果不服判决，可以走法律程序。

重审判决书中，没有对吴保全新的指控罪名和证据。没有新的证据，原有“事实不清”的法官判断，是如何消除的？没有新增犯罪事实，刑罚为何加重了？就是没学过法律，也会对这样的判决提出疑问。

然而，当事法院的负责人却对舆论的质疑采取了回避态度。也许，这个负责人有他的难处——有些事情，不是他能决定的；有些话，不是他能说的。但如真像他说的那样，对法院判决的不满和质疑只有上法院说，有些人的问题就永远得不到解决。比如，吴保全两次不服都走法律程序，结果他得到了公正吗？如果他继续走下去，又会是什么结果？如果公民要获得有效的司法救济只能在法律程序上兜圈子，而法院却无需就公众的质疑进行解释，判决无需接受公众的检验，那判决的公正性又靠什么保证？

判决由法官独立做出，但是，判决的公正性，却必须接受公众的检验，由公众来评价。法院判决是由国家强制力保证执行的，但法院判决要得到好的执行，还必须依赖于判决的公正性。公众对判决的公正性认可，决定着法院的权威，决定着法院自身的价值，也从根本上决定着判决的执行效果。

事实上，公众质疑和舆论监督是促进司法公正的一个重要途径。首先，公众的意见可对司法审判起到提示和校正作用。其次，法官不可避免的人性弱点，如个人偏好、自私、贪婪，可能导致枉法裁判、司法专横，这对司法公正是极大的伤害。公众意见、舆论监督一方面可以对司法腐败形成遏制，也可以促使司法机关改正错误，通过自我校正，做出公正的裁决。

实践证明，很多冤案、错案的纠正，正是得益于公众的参与和舆论的监督。比如孙志刚案、刘涌案。而法院自觉接受舆论监督，回答公众的问题，解除公众的疑惑，才能在社会互动中，达成司法机关和民众认识上的一致，让判决服众。如果说，对道理上说不过、公众广泛质疑的案件，当事机关可以不解释，可以蒙混过关，那么，法院势必就会我行我素，恣意妄为，而司法公正，也就会越来越失去保证。

（原载《中国青年报》2009年4月21日）

对民意除了尊重别无选择

[那些痛恨死刑规定的人，要为自己理想努力，该在立法的环节下功夫，让法律支持你们，而不应在执法环节自改法律。对于执法者，唯一的依据是现有法律规定，而不是什么理论和潮流。公众质疑的是法律判决合不合法，辩解者却老在鼓吹法律不好的理论，完全答非所问。]

自“李昌奎案”引起普遍关注后，媒体又爆出云南昭通男子赛锐27刀砍死女友却判死缓的新闻，紧接着，桂林人梁勇杀害妻子并肢解、水煮妻子的尸体被广西高院改判死缓的消息又被爆料，各地似乎掀起“死缓翻案风”。“翻案风”使受害者亲属和广大民众感到非常愤怒。

“李昌奎案”死缓判决受到民众猛烈抨击时，云南高院副院长田成有回应：“社会需要更理智一些，绝不能以一种公众狂欢式的方法来判处一个人死刑。”2011年，“李昌奎案”的法官又表示，“看似公正体现民意的再审，却是对法治社会最大的伤害”。事实上，不光是审理案件的法院工作人员，社会上还有不少人，都认为法院无需理会民意，甚至认为民意就是不理智，就是浅薄保守情绪化。

他们中有人表示：某些决定就需要顶住民众压力做出，民意靠得住吗？布鲁诺被烧死时，不是深得民意拥护吗？的确，历史上这样的事例不止一次，民意也有错误的时候。但是，民意的偶然错误，能证明民意就靠不住吗？

更重要的是，烧死布鲁诺时的民意错误，是在事后被证明的，在当时，拿什么来证明其错误呢？事后的证明，有两种结果，一种是肯定的，一种是否定的，而这在事前是没法知道的。如果说，一项决定要靠以后的“证明正确”来做依据，这靠得住吗？你拿什么来保证以后的证明是肯定的，而不是否定的。田成有曾表示，“李昌奎案”死缓判决将成为一个标杆，就有类似的问题。

民主是社会的趋势，民主的意义，在各国的历史发展过程中都得到充分体现，而不重视民主的教训，在中国的历史发展中也让人看得非常真切。民主的实质就是重视民意。法律作为一种社会规范，当然要重视民意。法国大革命的思想先驱卢梭说过，法律是公意的表现，是人民意志的记录。我们国家的制度，更是规定法律必须尊重民意：社会主义法律的本质是“人民意志的体现”。

当然，法律是公意的表现，更多是体现在立法上，表现在法律规定中。但我们的法律，恰恰保留了死刑。虽然规定了“宽严相济”的适用原则，但毕竟有“严”的要求，对罪大恶极的犯罪行为，如果不适用死刑，那还谈什么“严”字。国家检察官学院教授周洪波认为，“李昌奎案”几乎没有什么可以对凶手不判处死刑立即执行的情节和条件，除非国家在一夜间突然宣布废除死刑。事实上，对云南高院的判决，公众都会判断，拿犯罪事实，对照法律规定，只要有正确的思维能力，就知道结果该是什么。在法律有规定的情况下，不按法律办事，就是玷污法律。

云南高院的判案者及其支持者们在为自己辩护时，高举“杀人偿命观念过时”的大旗。退一万步说，就是杀人偿命观念已过时，该改变了，那也是法律改变之后，那些痛恨死刑规定的人，要为自己理想努力，该在立法的环节下功夫，让法律支持你们，而不应在执法环节自改法律。对于执法者，唯一的依据是现有法律规定，而不是什么理论和潮流。公众质疑的是法律判决合不合法，辩解者却老在鼓吹法律不好的理论，完全答非所问。

即便是如何对待“杀人偿命”的观念，也还不是几个“精英”能决定的。美国50个州不是有38个还保留死刑吗？而且随着恶性犯罪增加，那些没有死刑的地方，呼吁恢复死刑的呼声也常见于报道。人家没死刑，也不见得我们这里不能有，唯一的依据是我们这里的民意。立法和决策，只能以民意为原则。我们大建高铁，美国的高铁却迟滞不前，原因是老百姓不喜欢，虽然总统奥巴马大力鼓吹，也无济于事，能说人家观念落后吗？即便是落后，只要绝大多数人喜欢，也只能尊重，这是没办法的事，少数思想超前的人，不能当大多数人的家，这是民主的要求。

民意可能也有不理性的成分，但民众不都是浅薄的。当一种民众声音过于一律、强大的时候，就必须重视，这意味着绝大多数人的意见，绝大多数人中，肯定包含着很多有文化有思想而不缺理性的人。

（原载《新华每日电讯》2011年8月5日）

保护文物还是保护“刘老根”

[扼制文物的经营性开发，最重要的是斩断文物保护部门的牟利之手。文物保护的责任本来就落在文物保护部门身上，如果在他们眼里文物变成获利的工具，那文物保护的关卡就已洞开。]

位于北京东城区的山西晋翼会馆，属东城区文物普查登记项目，按照《文物保护法》的规定，属于不可移动文物。然而，这里却变成了号称“内地第一明星会所”的刘老根会馆。举报人曾一智向东城区文委举报会所破坏文物，可是举报的第二天，她就接到电话，说本山传媒集团希望“当面谈一谈”，被曾一智拒绝。曾一智致电东城区文委，并告知其违犯了《信访条例》的相关规定，但很快本山传媒集团就获知曾一智致电的情况。曾一智再次被告知，文委领导和本山传媒集团想一起“当面解释”。

作为保护文物的政府职能部门，接到公民举报后，理应慎重以对，查清事情真相，按照相关法规规定，进行妥善处理。但是，东城区文委却充当了本山传媒集团的情报员，而且非常

“尽职”，信息传递是那样及时。

本山传媒集团找举报人“面谈”是什么目的，可想而知，无非是想“私下解决”，让举报者不再给他们找麻烦。而东城区文委的做法，也许就是想无事一身轻，不给自己摊上事；也许是为了免责，毕竟任何方式的文物保护不力，自己都脱不开责任。当然，也有可能，文物变会所这件事，文委说不定也有利益牵连。但无论何种原因，都表明他们没有保护文物的热情。

其实，文物保护单位对文物保护动力不足，并不是个别现象。文物从所有性质上属于公物，早有学者指出，公物的所有者为国家和集体组织，不属于任何个人，即便是负有专责的职能部门，工作人员和物也不发生利益关系，对保护公物没有自身的利益。由此决定了公物权主体的虚化，公物的得失与损害，与工作人员自身无利害关联，公物时常处于无人关照的局面。由此造成的结果，是公权力很大，但公有物权很弱，公有物权成了最易受到损害的物权。所以即便是专事文物保护的职能部门，也未必真正对文物保护上心。

最近，文物被用于营利性经营的事情不少。故宫建福宫变私人会所风波后，国家重点文物保护单位、世界文化遗产承德避暑山庄，也被曝有豪华私人会所出现。另有人在网上披露，“宋美龄别墅”被用作婚礼场所。湖南等很多地方，也有类似的事件被报道。在这些营利性经营行为中，有些本就是文物保护单位自身为了利益追求，对文物进行经济价值开发。对文物进行经济利益开发，是不利于文物保护的，这些行为的背后，实际上是文物保护动力的缺失。

文物不适合用作经济利益开发，但文物的独特性，又决定了其有很大经济利益开发潜力，就吸引消费者来说，在很多方面都具有独一无二的魅力。如果对文物的经营性开发不进行有效扼制，类似行为将会迅速蔓延，那对文物将是一场大灾难。

扼制文物的经营性开发，最重要的是斩断文物保护部门的牟利之手。文物保护的责任本来就落在文物保护部门身上，如果在他们眼里文物变成获利的工具，那文物保护的关卡就已洞开。在保护文物动力不足的前提下，要让职能部门切实履行自己的责任，只有加大监督和追责力度。

（原载《中国青年报》2011年8月23日）

Part4

暴利中的权力身影

暴利中总有地方政府逐利的影子

[大凡赚钱的行业，往往都有政府部门的影子，或是政府直接参与买卖，或是给予企业垄断特权，让其有独占优势，或是给企业以政策优惠。]

央视财经频道记者选择广东至辽宁运输线路，跟随货车司机进行了三天两夜的体验。调查发现，运费至少三分之一被高昂的过路过桥费吸走。数据显示，路桥业利润远超房地产、石油、证券等行业，完全是一暴利行业。

媒体曾评比过2009年三大暴利行业，路桥收费业位列榜首。公路经营为什么暴利？一是因为消费者必须照价埋单——路是不能不走的；二是因为违规收费，收费站不该设的设，该少设的多设。2008年，国家审计署曾对国内18个省份的收费公路进行了审计，发现辽宁、湖北等16个省份在100条公路上违规设置收费站158个，至2005年底违规收取通行费149亿元，浙江、安徽等7省份提高收费标准，多征收通行费82亿多元。

无论是政府还贷的公路，还是经营性公路，肥水都会流向政府。前者自不必说，钱就在政府手里打转，利润流不出去；而后者呢，政府自然少不了自己能得的份额，要不，他们怎么会玩猫儿腻，在还贷的期限内，将政府还贷路变成经营性公路转给企业，或是批准明显不合理的收费期限？难怪论者指出，很多地方政府把收费公路当成了印钞机。

而一向饱受诟病的房地产业暴利，最大受益者同样是地方政府。统计表明，在整个房地产的建设、交易过程中，政府税费收入占了房地产价格的30%—40%。如果再加上占房地产价格20%—40%的土地费用，地方政府在房地产上的收入占整个房地产价格的50%—80%。

种种迹象表明，大凡赚钱的行业，往往都有政府部门的影子，或是政府直接参与买卖，或是给予企业垄断特权，让其有独占优势，或是给企业以政策优惠。

如果说钱流向政府部门后，基本上做到了取之于民用之于民，那么，公众也难说有多大损失。然而，恰恰在取之于民用之于民上，很多事情让老百姓不放心。比如，2011年有媒体报道，北京1年的停车费用接近100亿元，但北京公开的2010年占道停车费收入仅为2110万元，比2009年还减少1200万元；广州花都公路收费站1年收费4000万元左右，18年来至少收费10亿元，而其中大部分资金去向不明。收费公路收取的费用本应用于还贷、道路养护、人员费用、管理费、投资再建设其他道路，但审计表明，全国18个省份的政府和交通部门将291亿元应专项用于还贷的通行费收入，改用于其他项目，至于有多少被用于铺张浪费或者中饱私囊，媒体不断爆出的贪腐案可以提供判断参考。

时下，社会正在热议菜价悖论，一方面农民的菜卖不出去，贱至几分钱一斤，一方面城市居民抱怨菜吃不起。问题出在哪，很多人都在探寻，都在思考。其实，在媒体报道的大量信息面前，答案已经明了。比如，过多的路桥费让蔬菜运输成本太高，“最后一公里”过多的管制让蔬菜进城成本太高，高房价让卖菜成本太高等。而增加成本的关键环节，都牵连着暴利的行业，暴利又都进了政府部门腰包。解铃还须系铃人，与其广做社会动员帮农民卖菜，与其四处出击打击涨价行为，不如规范政府行为，让政府回归公共服务本位。这样，不光是菜价悖论问题，还有很多问题都会迎刃而解。

（原载《中国青年报》2011年5月12日）

警惕特许专营只为特权获利

[靠垄断获得利润，不但来得容易，而且来得快。所以，有人念念不忘垄断的好处，一门心思谋垄断的事。走自然垄断的路很费事，依靠行政权力获得垄断地位省心省力。]

《人民日报》报道，山东省人大常委会法制工作委员会就《山东省农产品质量安全条例（草案）》进行网上立法听证，草案中最引人注目的是重启农药经营许可制度。草案规定，农药经营者应向县级以上人民政府农业行政主管部门申请农药经营许可证，凭农药经营许可证办理工商登记手续。

时隔近7年之后，山东重启这一制度，有关人员的解释是，没有农药经营许可，经营单位数量猛增，鱼龙混杂，一些经营户资质差，进货渠道乱，假冒伪劣、高毒农药进入市场。不错，假农药事件经常出现，甚至“有自杀者喝农药不死家属庆幸有假农药”的笑谈。但是，特许专营是治理假农药的灵丹妙药吗？

农药经营许可制度，是2004年随着我国《行政许可法》施行被清理的。在这之前，各地基本上是农药特许专营，山东也不例外。然而，那个时候，假农药事件也是不绝于耳。2001年，山东邹平就发生假农药毁掉66户农民的470多亩庄稼的事件，而卖给农户假农药的，恰恰是手执专营权的当地供销社。据媒体报道，在广州、清新和翁源等地，挂着“某某供销社”“某某农技站”等牌子却明目张胆地兜售假劣农资产品的农资店，屡见不鲜。

山东有关部门要把农药质量保证或者食品安全作为重启农药经营许可制度的理由，至少得拿出具体的数据，说明许可制度被取消前后，假冒伪劣农药程度发生了多大的变化，要有确凿的证据证明这些变化是许可证制度的取消引起的。但是，这样的证据没有。

从理论上说，特许制度并不一定能扼制假冒伪劣产品，相反，只有经营主体够多，有了充分的竞争，才能促使经营者重视信誉，确保产品质量。这样的推断，也有事实依据，《人民日报》的报道中，就有这样的事实：山东聊城市莘县的经营户王某，从事农药经营十多年，只是凭多年积累的信誉做生意。王先生的生意为什么能做十多年？正是因为他在经营上没有什么特别的依仗，只有靠诚信，才有人买他的商品，才能维持他的客户，他才百般小心自己销售的商品质量，珍惜自己的商业信誉。

相反，特许经营势必造成垄断，而垄断却让经营者凭借独占优势坐享高利润，没有进取的动力，不重视信誉和品牌，从而导致效率低下、服务低劣。甚至还有获得特许经营权的组织，不从事任何经营活动，仅靠出售经营权来获利。2009年，《南方农村报》就曾报道，广东省徐闻县推开让县供销社独占农药市场的行动，全县所有个体农药经营者的工商营业执照被收回。紧接着，县供销社登门告知：只要加盟供销社，每年上缴5000元管理费和5000元保证金，3天后就能拿到新的执照。这样做的借口，是加强农资市场的安全性和规范性，但记者了解到，供销社工作人员许诺，签了合同以后，允许个体户从其他渠道进货。有经营户表示，自己和供销社签了合同，但没有一件货是从供销社进的，他们根本没有供货能力。

靠垄断获得利润，不但来得容易，而且来得快。所以，有人念念不忘垄断的好处，一门心思谋垄断的事。走自然垄断的路很费事，依靠行政权力获得垄断地位省心省力，他们就揪住一切机会推动特许经营的实现。至于给社会带来的是什么，他们未必当真。比如，那些挂靠的经营店，有了发包者的罩护，却没有相应的约束，更容易做出不义之事。广东省工商局曝光的2009年制售假劣农资十大典型案件中，就有三个涉案农资店挂着此类头衔。

农药特许经营本是计划经济时代的产物，之所以被淘汰，是我国农资产品生产能力提高的结果，是市场经济不断发展成熟的结果。如今，有人要重拾这些遭丢弃的东西，是我们以前的选择错了，还是社会形势发生了特别的变化？这些，不能不说清楚。新闻报道说，当地正在就新政策征集民意，希望有关部门能真正尊重民意。

（原载《新华每日电讯》2011年5月18日）

政企不分加剧部门利益争夺

[因为下属企业的规模大小和经营好坏直接影响到政府经济利益，政府就会有意利用行政权力帮下属企业拓展业务。严重者，可能会导致部门之间的争夺和割据。]

投资上亿元的南昌市昌南汽车客运站，是江西省规模最大的汽车客运站。然而，自2006年竣工启用以来，这一“民心工程”却遭闲置达3年之久。造成闲置的原因是政府部门之间的利益之争。位于城郊的昌南客运站是南昌市公交公司旗下企业，归市政系统管理；而位于市区的几家主要客运站，均为江西长运集团旗下企业，江西长运集团又是南昌市交通局下属二级单位，归交通系统管理。因此，尽管昌南客运站多次向市交通局递交报告，请求南昌新增长途班线和南面进出城班线逐步过渡到昌南客运站始发，但市交通局都不予理睬。

亿元投资建成的客运站闲置3年，造成的社会资源浪费有多大？每天近1000辆长途客车、2000多个班次穿城而过造成的城区交通拥堵又导致多少经济损失，给多少人增加不便？这笔账很多人都会算。部门利益之争造成的浪费，由此可见一斑。

上述政府部门的利益，源于他们有自己下属的企业，这些企业可给部门带来丰厚的经济利益。政府可以从管辖企业中获得特别资金，而这些资金既不受预算法约束，也不受人大的检查。这样的财源，政府部门怎能不想办法控制并扩大？有了自己的下属企业，想改善办公条件，兴建楼堂馆所，提高收入改善福利，也容易找到渠道……

能从企业得到好处，部门自然会给下属企业提供庇护。昌南客运站尽管有较好的设施和较大的接纳能力，但就是没客源——交通部门有自己的下属企业，怎么能把好生意送给别人？这样一来，政府部门和其下属企业就成了经济上的联盟。这样的政府部门怎么可能秉公执法？怎么会公平对待每一个市场主体？而且，因为下属企业的规模大小和经营好坏直接影响到政府经济利益，政府就会有意利用行政权力帮下属企业拓展业务。严重者，可能会导致部门之间的争夺和割据，既影响政府部门的行政效率，也影响其形象。

中央政府几次发出通知，严禁党政机关和党政干部经商、办企业，但是各地政府机关和企业脱钩的工作却很难展开，政府部门和企业总是藕断丝连。为什么？因为有利益纠葛，政府部门可从企业中得到经济利益，而企业则可以用行政权力作庇护去更好地获利。要真正做到政企分开，就必须切断政府和企业之间的经济利益瓜葛，除了严禁党政机关和党政干部直接办企业，也必须改变政府部门从下属企业获得经济利益的格局。

政府部门不能有自己的经济利益追求，必须致力于公共产品的提供，为市场主体公平竞争提供公平的环境，以公正独立的裁判身份，协调处理各种社会关系。只有这样才会平等地对待每一个市场主体的要求，从整个社会效益的角度来分配各种社会资源，而不会像南昌有关部门一样，宁肯让社会资源大量闲置，也要维护自己的“山头”利益，成为个别企业的保护伞。

（原载《中国青年报》2009年4月14日）

烟花爆竹开禁，我们远没准备好

[烟花爆竹的价格，在那些实行专营的城市，要比非专营的地方高出好几倍。给人的感觉是，上一轮的禁止烟花爆竹，最重要的结果，是促成了一种产品的垄断暴利。]

2009年初，北京京广桥附近的央视新大楼北配楼发生火灾，目击者称，火势猛烈时焰高近百米，浓烟滚滚，一度将正月十五的圆月完全遮蔽，从发生火灾的大楼上掉落下来的灰烬像雪片一样落在1公里范围内。熊熊大火在三个半小时后被控制。火灾造成7人受伤，楼内十几层的中庭坍塌，演播大厅的数字机房被烧毁。经调查，火灾系违规燃放烟花引起。

烟花爆竹燃放的危害性，再次以血的代价和教训展现在人们面前。此前9天，福建长乐的一家酒吧因为烟花引燃大火死了15人。据统计，北京1月25日零时至1月30日24时，燃放烟花爆竹引发火情103起，致伤403人。

其实，这些后果人们早已很清楚了，要不，就不会有20世纪90年代初的禁止燃放鞭炮了——从北京开始，禁放烟花爆竹的新风很快吹到国内各城市。10多年过去，人们已渐渐接受一种新的节日气氛了，烟花爆竹却有些出人意料地开禁了。按理，烟花爆竹开禁绝对是重要的公共政策，应该建立在广泛征求民意的基础上。可是，在开禁之前，到底做了多少民意咨询工作，到底有多少人支持开禁？我们没看到非常有说服力的依据。生活中所能感觉得到的，倒是有很多人支持禁放烟花爆竹。

如果说在认识到烟花爆竹的危害后重新开禁，那么，就应有足够的准备，使其危害得到有效的控制，比如确保安全性，比如保证那些反对燃放烟花爆竹的人的诉求，给他们相对的安静空间、相对的清洁环境。但是，这些我们并没有看到。烟花爆竹开禁后，人们感受最直接最突出的变化，就是烟花爆竹的销售变成专营了，价格高多了。笔者咨询过烟花爆竹的价格，在那些实行专营的城市，价格要比非专营的地方高出好几倍。给人的感觉是，上一轮的禁止烟花爆竹，最重要的结果，是促成了一种产品的垄断暴利。

专营的目的，是为了安全。但是，这种做法能保证安全吗？首先，即便是通过专营渠道购得的烟花爆竹，也未必就能确保安全，那么多的火灾，那么多的事故，难道都是非专营渠道出售的产品？北京市“禁放办”在市场暗访中发现，在远郊区县的非禁放区内，80%的销售点都在销售非法烟花爆竹。其次，垄断必然催生“黑市”，而“黑市”带来的是更大的隐患。

政府也在燃放时间和地点上做了一些规定，但是，这种规定很难得到遵守。有人说，“禁改限”的规定要得到很好的执行，除非每个家庭都出一名警察来监督。这话是有道理的。不按规定燃放烟花爆竹的人还少吗？网上有帖反映：有人从楼上扔下鞭炮，如往地下扔下一个个“炸弹”；有人直接在楼道制造热闹，炸得墙壁上百孔千疮、垃圾满地；有人往马路上投掷，给路人尤其是小孩形成威胁；有人为追求刺激，专挑巨响的鞭炮燃放，让人不得安宁。当然，政府不是没人去管这种事，但是，那么有限的人力，哪管得了千家万户；再说，都有过节的心情，有几个人能全身心地投入这样的工作？

所以，烟花爆竹的开禁，我们远没有准备好。如果要燃放烟花爆竹增添节日气氛，但又能将负面效果控制在一定范围内，这需要很多准备。比如，政府的执行力，还有公民的素质、商家的自律等等。然而，从烟花爆竹燃放的混乱现状来看，这些我们都似乎还没有准备好。

（原载《中国青年报》2009年2月11日）

许迈永悔过书里的无知之幕

[为什么炒房者都那么义无反顾，一出手就拿下几十套几百套的房子，原来他们心里有底，他们早吃透了中国房地产的本质——有大量官员炒房，有什么可担心的，官员能让自己亏本吗？]

杭州市原副市长许迈永受贿、贪污、滥用职权，罪行严重，7月，被执行死刑。2011年9月，《检察日报》公开其悔过书全文。许在文中描述了他从一个穷人家孩子到一个巨贪的心路历程。

许迈永的悔过书，并无多少新意，仍然是“辜负了组织培养”“错树了世界观、人生观”“放松了学习和自律”那一套。这种格式化的悔过书，看不出有多少悔过的真意，而且，到了贪污受贿两个多亿直至身陷囹圄后再悔过，又有什么意义？

但是，千万别把这悔过书当垃圾一件，不屑品读。许迈永自白如何走上贪腐之路、如何大肆贪污受贿的很多事实，事实上撩开了官场后台之幕，为认识官场、认识反腐、认识社会的很多现象提供了一个窗口，也让人生出很多思考。

许迈永交代，他是炒房一族，但他不自己出马，不自己出钱，而是通过商人买进售出，坐享其中所得。他的炒房总收入达到500万元。参与炒房的人，当然希望房价走高，但不是所有人都有能量、有手段推高房价。之前，分析房价为什么狂飙时，多指责地方政府为了财政收入，为了GDP政绩，也有人剑指贪官炒房，可拿出的证据有限。许迈永的自白提供了铁的证据。

参与炒房的官员到底有多少？为什么抽天价烟的房产局长周久耕，看到有楼盘降价时那么气急败坏，喝令不许降价？为何有地方官员那么“真诚”地欢迎炒房者进入，甚至许诺“赔了算当地政府的”？许迈永的自白让人生出了很多联想。了解到了这一层事实，就不难明白，为什么炒房者都那么义无反顾，一出手就拿下几十套几百套的房子，原来他们心里有底，他们早吃透了中国房地产的本质——有大量官员炒房，有什么可担心的，官员能让自己亏本吗？当然也不难明白，中国的房地产调控为什么那么难，各项政策为什么都被化解，抑制投机的措施总是遭到那么强烈的抵制。

许迈永分析自己为何走上贪腐之路时说：“随着我到外地出差、出国的机会越来越多……自己的世界观、人生观、价值观偏离了正确的轨道。”都知道领导外出考察、学习的机会多，王岐山曾笑谈，连外国奶牛都认识中国官员了。早在2000年，《中国统计年鉴》就显示，干部公费出国年消耗就达3000亿元，而之后，出国学习考察之风更是愈演愈烈。花钱让官员考察，学到了什么呢？从许迈永身上可看到，没有学到先进的理念、先进经验和技术，倒是让自己越来越讲究享受，走上贪腐之路。这官员出国考察经费，还要一年比一年涨吗？

许迈永还说：“组织上也给我敲过警钟，但我没有清醒，不是去改正，而是去掩盖，继续去犯错误。”这告诉我们：贪官在东窗事发前，什么警示、教育，是起不到多大作用的，起的作用可能是反过来增强他们掩盖罪行的意识和能力。贪官的悔过书否定“警钟”的意义，还想用悔过书来做反腐“真经”，是不是有些好笑？事实上，那些贪腐的官员，谁不知道贪腐的性质，问题是，在他们眼里，贪腐的真正问题是被抓，没被抓就算不上贪腐。反腐，还得从权力监督和制约上下真功夫呀。

“即使出了事，组织上查，也会有人替我挡一下”，这是许迈永大胆贪腐的心理支撑之一。在长达十多年时间里，对许迈永违纪违法的举报不断，但是，他都安然无事。他是怎样屡次过关的？庇护他的都是谁？官官相护到底有多严重？这些，都在公众心里深深地打上了问号。

（原载《中国青年报》2011年9月8日）

垄断倒车不能开

[如果政府垄断停车场，能保证收益很好地用于公共投入？腐败问题得不到解决，政府收入就很难得到有效利用。]

全国人大常委会委员吴晓灵认为，汽车尾气排放已经成为大中城市空气污染的重要来源，要解决这个问题就需要使汽车消费政策与环保政策衔接，政府应该大力发展公共交通，限制私家车的发展。她建议，政府垄断城市路面停车场，大幅提高停车收费标准，增加的收入用于补贴公共交通。

无论是从城市空气质量维护，还是从缓解城市交通压力的角度考虑，限制私家车发展都是一条必由之路，这也是一种世界潮流。要限制私家车发展，增加私家车的使用成本，通过经济手段来控制私家车数量，是各国共同的做法。在这些经济手段中，提高停车费是最常用的手段之一。吴委员限制私家车发展的建议，笔者是赞同的。

但是，提高停车收费标准，一定要用政府垄断停车场的方式吗？提高收费标准，是很容易达到的。政府规定一个最低收费价格，各停车场会不执行？作为经营者，谁不指望服务价格高？之所以一些大城市价格还不是很高，是因为停车收费价是受到政府限制的，目前，我国机动车停放服务收费实行市场调节价、政府指导价和政府定价三种定价形式。

当然，吴委员的建议中，政府垄断的目的是把增加的停车收费用于补贴公共交通。但是，这一目的，也不是一定政府去垄断经营才会实现。政府提高停车经营的税收，同样可以把增加的收费转移到自己手中，由政府支配。吴委员提到，政府垄断后，可以安排一些人就业，但是，政府不垄断，停车场不照样需要人工作吗？

而由政府去垄断经营，却可能产生一些负面效应。公共管理学的研究表明，政府有着天然的低效率趋势。政府活动中成本与收益的分离、独占公共服务缺乏竞争、信息的不对称，都可能使政府在花纳税人的钱时，如果没有很好的约束机制，不会过多考虑成本，总倾向于花更多的钱，而各种资源的效用也很难得到最大限度的发挥。

如果由政府垄断各种停车场，市场竞争就会退出。在这种情况下，停车场的服务质量如何保证？也许有人说，通过加大管理力度可以解决。太多事实表明，要想改善一个行业或企业的服务质量，只有靠充分竞争，其他的措施也许能起一时一事的作用，但解决不了根本的问题。政府垄断下的服务质量，我们难道还缺乏感受吗？

如果政府垄断停车场，能保证收益很好地用于公共投入？

腐败问题得不到解决，政府收入就很难得到有效利用。在贪官大肆聚敛挥霍无度的教训面前，在公款吃喝、公务用车、公费出国问题久治无效的前提下，拿什么让公众相信政府垄断收入能很好地用于公益？更何况，国有垄断企业高管天价年薪的现实就在摆在眼前，公众对政府垄断如何能产生好感！“政府垄断停车场后，可以安排那些需要政府帮助的人就业”，这只能是理想化的一厢情愿，而事实可能是：增加一些人权力寻租的机会——哪些人能得到就业机会，还不好说。倒是由各种市场主体经营——灵活的用人机制，或许能帮助一些无权无势的困难群体就业。

在一些发达国家，为了提高城市治理的效率和效益，总是尽可能引入市场机制，充分调动企业的积极性和创造性，在市场、企业能有效发挥作用的地方，政府都退出。政府部门的主要精力投入到政策研究和强化城市政府的服务、指导、协调、监督职能上，充当宏观调控角色，以“小政府、大社会”的模式，形成政府与市场、政府与企业之间的良性互动。在城市停车场的管理经营上，政府完全可以只充当宏观调控的角色，通过定价、税收等调控手段，保证停车场的经营运作能符合政府的追求目标，而不宜开垄断的历史倒车。

（原载《大河报》2009年4月25日）

出租车司机从业资格考试能否不收费

[很大一部分民众就认为，现在已到了逢岗必证、逢证必考的地步，很少有人关心考试真正有什么用。从业资格制度，在一定范围内被指成了有关部门的创收手段。]

2011年交通运输部组织起草《出租汽车驾驶员从业资格管理规定（征求意见稿）》，规定拟从事出租汽车客运服务的驾驶人员应当申请参加从业资格考试，并正公开征求意见。

进一步规范和提升出租车行业服务质量，这无疑会让民众获益。如果制度得到好的执行，也必然有利于出租车司机素质的提高和出租车服务质量的提升。

但这一制度刚提出即遭到强烈质疑，有人指出：无非是为了收钱。的确，之前不少从业资格制度，最后都只剩下收钱，至于考试、培训，都成了形式。《就业促进法（草案）》面向社会公开征求意见时，很大一部分民众就认为，现在已到了逢岗必证、逢证必考的地步，很少有人关心考试真正有什么用。从业资格制度，在一定范围内被指成了有关部门的创收手段。

通读交通运输部起草的管理规定，看不到收费内容，但经验告诉我们，从考试到注册到继续教育等各环节，收费是少不了的。既然收费如此让人提防和反感，那么这次的出租车司机从业资格制度能不能尝试不收费呢？

既然实行从业资格制度是为了提高客运服务水平，那就是出于公益，为此进行公共投入的理由当然正当。而且，政府免费进行培训的先例并不是没有，金融危机让国内出口制造企业受到冲击，农民工大量返乡、无业可就时，一些地方和部门就对他们进行过免费培训。对出租车司机进行免费培训，受益面会非常广泛。

更重要的是，职能部门自己投入，更能保证从业资格制度取得好的效果。职能部门花了钱，所谓花自己的钱心疼，这种付出的压力能让他们注重花钱的效果，从而在一定程度上把好资格关。当然，公共投入，本质上也是花他人的钱办他人的事，但相对花出租车司机的钱，“他”的距离要近得多。

而且，免费培训和获取资格，能够防止资格证制度泛滥。之所以出现“逢岗必证、逢证必考”，就是因为有些部门借发证和考试机会，收费牟利。不能排除有些资格证制度是多余的，并没有起到提高从业人员素质和行业服务质量的作用，但政府有些部门仍乐此不疲，还是盯着一个“利”字。考试越多，证越多，不但增加就业者的经济负担，而且增加权力寻租机会。在从业资格制度中，考试权、资格授予权，都有一定的寻租空间。仅考试来说，多个环节都能滋生腐败，出题、考试内容选择、监考、阅卷等，都可以拿来交易。如果让职能部门自己承担资格制度的成本，资格证必然大大减少。

除了上面所说的，交通部门的财源并不少，比如，高速公路的大量收费，远远不止用于还贷，大量违规收费就是成本外收入。2008年国家审计署审计发现，辽宁、湖北等16个省份在100条公路上违规设置收费站158个，至2005年底违规收取通行费149亿元。有这么多收入，往出租车司机从业资格制度上投入一点，这能成为问题吗？

针对即将出台的出租车司机从业资格制度，有网友发帖说，不收费才是真正为了提高服务水平。为了打消公众疑虑，交通运输部门能否做一个突破呢？

（原载《中国青年报》2011年10月26日）

本不该让垄断企业高工资费人心神

[垄断企业之所以收入高，是因为他们有很多的钱可供分配，然而，垄断企业独占国家资源，坐享垄断的好处，他们所获得的高额利润本来就不应该，现在，我们还要为他们的利润分配劳心费神。]

《工资条例》草案已经完成，并于2010年上报国务院有关部门。据参与起草的专家介绍，对垄断行业的高工资进行限制是《工资条例》的一项重要内容，草案规定，特殊行业如需对工资、福利、补充社会保险等进行调整，必须报人力资源和社会保障部门、财政部门、国资委以及行业主管部门审核批准，并及时向社会公布。

行业差距已成为中国收入差距的一个突出问题，一些垄断行业的职工平均工资与其他行业比，最大差距已在10倍以上。垄断行业的高工资，引起社会的普遍不满，《工资条例》草案剑指垄断行业高工资，也许是在顺应民意吧。

但就是这种苦心设计的手段能否控制垄断行业的高工资高福利，也引起很多的质疑。质疑是有道理的，不能小看垄断企业的能量，他们可以逼宫涨价，可以在每年赚得盆满钵满的情况下仍然获得国家补贴，难道就不能获得涨工资的特殊待遇？就算他们向国家有关部门汇报，又能怎样？这还没考虑国家难以监管的情况，事实上，企业要增加员工收入，办法有很多，上有政策，下有对策。再说，有关部门是否有足够的动力和耐心去监管，还是一个问题。

看来，要控制垄断行业高收入，还有不小的难度。这就奇怪了，垄断企业之所以收入高，是因为他们有很多的钱可供分配，然而，垄断企业独占国家资源，坐享垄断的好处，他们所获得的高额利润本来就不应该，现在，我们还要为他们的利润分配劳心费神，需要那么多专家出谋划策，浪费那么多的社会资源，这难道不好笑吗？

垄断企业能提高工资，在于他们很有钱，而这种情况的形成，一个重要原因是公共资源让他们廉价甚至是无偿使用。我国资源税过低，是一个众所周知的事实。在德、英、法、日等国家，石油、天然气、矿产资源补偿费一项，征收率就为10%—16%，而我国，新疆石油、天然气、矿产资源补偿费征收率仅为1%。而且我国征收资源税的面很窄，1984年资源税推出，只对原油、天然气、煤炭、铁矿石征收。1994年税制改革时，扩大了矿产资源的征税范围，但仍有百种以上未纳入征税范围。由于税率低，征收的范围小，资源税在我国税制体系中只占很小一部分。

除了税收，国外还为了资源的好处不被部分人独占而采取其他一些手段。一个突出的事例是，在美国阿拉斯加州，1968年发现了丰富的石油和天然气资源。这个发现，没有变成某个企业的一家财源，州政府用这些资源带来的财富建立了一个基金，基金收入给所有的阿拉斯加州居民发放现金分红。1982年，全州40多万居民都获得1000美元分红，到现在，分红已经持续30年了。

通过这些方式，资源的收益被用于全国，利于全民，不是大部分为企业所享，又何来高收入控制的烦恼呢？

事实上，我国现有的垄断行业，该不该被垄断，就一直有很大的争议，电力、电信、金融、保险、烟草、石油，社会对其诟病已久，原因之一，就在于其中很多行业不应被少数国企垄断。九三学社就曾提出，交通、运输、电力、电信不少赚钱的领域，应该向社会开放，允许民营企业去竞争。如果这些建议能成为现实，有充分竞争，就不存在高额垄断利润，也自然不会有垄断企业高收入控制的问题。

（原载《中国青年报》2010年7月29日）

Part5

规则为谁而定

不能将公务员排除在养老改革之外

[公务员独特的养老待遇的存在，却恰好为那些对改革心存不满的人找到了出气口，提供了反对的借口和攻击的靶子。这不是在为改革增加阻力吗？]

2009年两会上，社科界加新闻出版界有60多名委员联名提案，要求事业单位养老改革暂缓实施，而且，教育界也有60多名委员同样联名提出了这个提案。就事业单位养老改革，委员们在会上热论了近一个小时，直到会议休息被打断，还有委员意犹未尽，说等会儿再谈谈……

要求事业单位养老改革暂缓的委员，都来自事业单位。近年来，从委员的提案中我们可以看到这样一个现象，委员在很多问题上，毫不掩饰自己的利益立场和自我出发点，说话非常直接大胆。比如2009年两会上，很多地产商委员公开向政府要政策，发表明显出于自身利益的言论。

当然，政协委员也不是不能为自己所属的那个群体说话，关键是，这个群体利益是否正当，是否能得到全国人民的理解。中国的养老制度分为三个等级，早已招致社会的普遍不满，对这一不合理的制度进行改革，符合绝大多数人的心愿。

看看那些反对对事业单位养老进行改革的理由吧。“人力资源和社会保障部说是为了减轻财政负担……才多少钱，目的就错了”，“简单沿用企业养老保险改革的办法失之偏颇”……这些理由显然都经不起推敲，有些甚至荒唐可笑。仔细看媒体报道，委员们的反对意见中，绝大多数都拿公务员来作比。这也是委员们的反对意见中，唯一有些说服力的。

关于养老改革，不但人力资源和社会保障部《事业单位养老保险制度改革方案》没有涉及公务员，就是正向社会广泛征求意见的《社会保险法（草案）》，也将公务员与事业单位的养老保险制度分开推进。有解释说，这样做是为了减少阻力，让改革稳步推进。然而，恰恰是这一点，可能对改革形成阻力。

养老制度改革的一个基本理由，是为了养老的公平。要公平，就得所有公民都用同样的标准。以前，公务员和事业单位人员都不纳入养老保险的范畴，自己不交养老保险，退休金却比那些交保险的人高得多，甚至是好几倍，这明显太不公平。可是，现在把事业单位拿出来改革，公务员在养老上仍然是“特等公民”，仍然是不公平。这样的改革办法，与改革目的并不一致。

事业单位养老改革，是对其原有利益的减损，当然会让一些人不满。然而，公务员独特的养老待遇的存在，却恰好为那些对改革心存不满的人找到了出气口，提供了反对的借口和攻击的靶子。这不是在为改革增加阻力吗？

以前事业单位养老一直是与公务员一体，既然以前可以归于同样的养老类别，那么改革当然可以实行同样的方案和步伐。为什么要将二者切开来？难道说这样做，是为了争取公务员的支持，减少反对改革的人数？如果出于这一考虑，那么，有些部门对改革就太缺乏信心了。事实上，这一改革，是对不公平的利益的调整，完全应该理直气壮；而且，这样的改革，顺应广大老百姓的要求，改革的力量，来自广大老百姓，为什么不自信一些？

从技术手段上来说，公务员和事业单位人员养老是同样的方式，一起改革，不存在操作上的难题。而且，应该可以节省资源和成本。像这样可以一步到位而且应该一步到位的改革，为什么要分开推进？只对事业单位改革，不但令普通百姓不满意，还增加了新的反对群体，不如索性将改革进行到底，不管是事业单位人员，还是公务员，全部一视同仁。

（原载《中国青年报》2009年3月12日）

推迟退休就是让年轻人扛养老金亏空

[无论是养老资金还是就业问题，都关系到人数众多的群体的利益，任何一个解决不好，都会在很大程度上造成社会的震荡，而延长退休年龄，则明显将两个群体的利益对立起来，势必招致很多人的反对。如果有别的解决途径，还是慎用这一方法为好。]

养老账户资金严重亏空，2005年年底，全国养老金“空账”已经达到8000亿元。为此，劳动和社会保障部相关人士表示，延长退休年龄的问题，应尽早提上议事日程。

延迟在职职工的退休年龄，对于解决养老资金亏空来说，也许是简单而又立竿见影的方法。但这方法是一把双刃剑，解决了养老资金不足的问题，却大大影响就业岗位的提供，特别是影响年轻人的就业机会。就业新岗位的增加，很大程度上，是靠已到退休年龄的人退出工作岗位。特别是现阶段，中国存在着“就业弹性下降”的问题，据全国人大常委会委员、中国人民大学劳动人事学院教授郑功成介绍，20多年前，GDP每增长1个百分点，可以创造工作岗位240万个，10年前可以创造120万个，现在却只能创造70万—80万个岗位。在这种情况下，老年人的退休，对新工作岗位增加的意义就更大。

时下，中国就业问题十分严峻。据官方数据，今后几年，中国城镇每年需要就业的人口，都将超过2400万人，而新增的就业岗位加上自然减员也只有1100万个，供大于求的缺口在1300万个以上。而大学毕业生就业难的问题更是突出，据人事部的调查数据：2006年全国高校毕业生413万，而全国对高校毕业生的需求，预计约为166.5万人，有200多万毕业生面临岗位缺口。年轻人就业的问题，丝毫不比养老问题次要。

事实上，延长退休年龄，是解决养老资金严重亏空的途径，却不是唯一的途径。劳动和社会保障部认为，造成养老资金严重亏空的重要原因，是很多单位职工提前退休。然而，提前退休在很多地方是减人增效的主要途径，很多单位为了实现减人增效的改革目标而又不激化矛盾，都采取这一措施。可见，提前退休造成养老资金亏空的责任，该由全社会来承担，政府财政应担起这一责任。

本来，养老等保障问题就应主要由财政埋单，这是发达国家的普遍做法。2001年，美国联邦政府开支的49%用于社会保障和各种医疗保障上，约占其GDP的8%。而在中国，2004年政府开支只有7.4%用于抚恤、社会救济和社会保障补助。政府增加养老方面的支出，是合情合理的。

并且，养老资金的大量亏空，也不全是提前退休和人口老龄化惹的祸，社保基金管理方面的问题，恐怕也要承担一定的责任。2006年底，浙江金华爆出社保大案，该省官员挪用社保金额达数亿元；而臭名昭著的上海社保基金案中，上海市劳动和社会保障局原局长祝均一违规拆借社保基金达32亿元；山西太原社保基金挪用诈骗案，涉案金额也近1.8亿元；此外，黑龙江城市社保局将918万元借给企业做流动资金，河南濮阳市劳动保障局减免企业870多万元养老保险费换取六辆轿车使用等，造成的社保资金损失都是天文数字。

无论是养老资金还是就业问题，都关系到人数众多的群体的利益，任何一个解决不好，都会在很大程度上造成社会的震荡，而延长退休年龄，则明显将两个群体的利益对立起来，势必招致很多人的反对。如果有别的解决途径，还是慎用这一方法为好。

（原载《中国青年报》2006年11月30日）

决策容错应以完备的追责制为前提

[政府决策的容错机制，应是基于人的主观能动作用的有限性和客观上的不可抗力而设的。也就是说，决策失误发生后，只有那些决策者主观上是为了创新地解决问题，主观上尽到了审慎的义务，才是可以减责或免责的。]

为免除促进开放工作创新者的后顾之忧，重庆在立法促进开放时特别设置了容错机制。《重庆市促进开放条例》规定，开放工作效果不好，或者造成损失，只要程序符合规定，未谋私利，可以减轻或免除有关人员的责任。同时还规定，政府还可对行政管理、公共服务、市场监管、土地流转、财政金融和社会管理等事项进行更多的改革实验。

很多问题的解决，离不开解决方法的创造性运用，离不开决策的大胆创新。但因为决策是事先的制度安排，囿于人的认识能力，很难保证事前的决策能够完美地解决所要解决的目标问题，难以保证决策不产生失误。所以，允许决策试错，鼓励决策创新，是一种公共理性的表现。

允许决策试错，就必须对决策中的主要责任人进行免责。但是，很多事情容易由一面走向另一面，如果决策失误上的免责适用不当，又会导致决策上的草率或是决策中的权力寻租，让决策的失误率得不到有效控制。在考虑如何保护决策创新积极性的同时，也许我们不得不面对一个更重要的问题：如何避免决策的失误。

也许我们还记得当时号称世界最大的人造缩微景观群“三峡集锦”，耗资4000万元，建成后毫无收益而不得不拆除；时任安徽阜阳地委书记王怀忠提出了将阜阳建成淮北大都市的设想，耗资3.2亿元建一个国际大机场，该市人均被摊派数百元机场建设费，但机场勉强运营一年后，就被迫关闭。据世界银行的估计，“七五”到“九五”期间，我国投资决策失误率在30%左右，资金浪费及经济损失4000亿—5000亿元。

决策失误多，损失大，一直有人强烈呼吁：建立决策失误追惩机制。在全国两会上，曾有10多名政协委员联名提交提案，建议在全国实行领导干部重大决策终身负责制。这种建议的提出，暗含着这样的前提：对决策失误的追责是不到位或者说是缺位的。事实上，很多决策失误，的确没人负责，某市在一个客运站就可满足需求的情况下，政府却在10年间耗资1.4亿元，先后建了3个长途汽车站，而第一个客运站的某些设施自建成之日起就没有使用过。诸如此类的失误和浪费，为什么没人负责？

政府决策的容错机制，应是基于人的主观能动作用的有限性和客观上的不可抗力而设的。也就是说，决策失误发生后，只有那些决策者主观上是为了创新地解决问题，主观上尽到了审慎的义务，才是可以减责或免责的。但是，这一切的认定，只有靠完备的、科学的、动真格的追责机制。没有追责机制在前，容错机制的出现，就可能为一些人逃避责任提供更好的保护伞。

从实际情况来看，我们对决策失误的追究是否已到了影响决策创新的程度？有多少官员是因为决策失误而不是因为贪腐渎职受罚？如果没有追责机制，不知容错机制会朝什么方向发挥作用！

（原载《中国青年报》2009年1月6日）

政府对大企业的扶持有可能导致垄断

[一个规模大、实力强的企业，因为其已具备的竞争优势，会在市场上赢得更多的发展机遇。如果政府再对其进行扶持，那么，其他企业将无法与之竞争，这样，竞争就可能会被减弱，大企业最终控制价格，垄断市场。]

2006年在烟台第五次药品集中招标第一轮中，有不少医药经营企业反映，中标的很多是高价药。在招投标中存在程序不公开、随意变更评分标准等行为，价格因素在投标中的作用被大大削弱，而“经营企业规模”一项的分值却大幅度提高，根据如此修改的评分标准，唯一受益的就是烟台市年销售额最大的瑞康药业有限公司。对此，烟台市卫生局科长于晨光说：“政府难道不应该扶持那些规模大、纳税多、实力强的企业吗？”

政府是否应对大企业进行扶持，作为一般老百姓，无法进行充分的论证，可有一点是能通过常识判断的：一个规模大、实力强的企业，因为其已具备的竞争优势，会在市场上赢得更多的发展机遇。如果政府再对其进行扶持，那么，其他企业将无法与之竞争，这样，竞争就可能会被减弱，大企业最终控制价格，垄断市场。

药品招投标的初衷，是为了降低药品价格，提高药品的质量，让利于民，施惠于民。要实现这样的目的，只有让药品生产企业充分竞争才能做到。如果说药品市场长期由一家或几家企业垄断，没有了竞争，老百姓指望的低价高效药，能靠垄断企业的仁慈实现吗？

经济上比较发达的国家，政府对企业是有扶持的。但是，他们的做法却只是扶持中小企业，以促进市场竞争，维持经济活力。美国通过法律规范、资金帮助、经营指导和技术支持、沟通协调、政府采购等方面，给予中小企业多方面的帮助，以弥补它们的竞争劣势。根据美国《小企业法》，政府应该在各种采购中给予小企业不少于23%的份额，小企业管理局与各个联邦机构保持经常性磋商，以确保这一目标的实现。日本对中小企业也有资金支持、再生支持、创新支持、自由连锁支持、JASDAQ市场（日本科技板）等多种方式。相反，这些国家对企业的垄断倒是保持警惕，如美国制定的《反托拉斯法》，就是为了对垄断组织实行一定程度的限制，保护小企业免受大企业的不公正侵害。

我们知道，现代政府一个公认的职能，是建立和维护支撑市场机制的制度基础设施，为市场主体公平竞争提供公平的环境。药品招标中，政府应该做的，是确保程序的公正和科学合理，保证每个企业有公平的机会，真正让那些能够保证质量、供货价格低的企业进入到药品的供应系列。如果说，把企业规模作为招投标标准的重要内容，那么，这一政府行为实际上是人为地减少小企业的发展机遇，缩小它们的发展空间，这对小企业来讲，是十分不公平的。

一个规模大且实力强的企业，或许其具备先进的管理经验，或许有先进的生产技术，这不能作为企业扶持的理由。当然，规模大的企业，缴的税是要多些，但是，缴税是一个企业应尽的义务。义务是必须履行的，不讲条件也不需要奖励。

（原载《中国青年报》2006年4月11日）

“退赃”换“赦免”，可否?

[贪腐行为本没有赦免理由，严重犯罪不能因为人家主动交代和退回非法所得就完全免于处罚。但当下对贪腐官员，不得不让法律做某种形式的让步，这完全是无奈之举。18年立法酝酿无结果，可以印证李永忠“赦免说”的实际性。]

中国纪检监察学院副院长、制度反腐专家李永忠表示，官员财产公示不能搞清算，如果腐败分子将收受的全部贿赂匿名清退了，并且在案发后，经查实退回的赃款与实际情况完全吻合即可得到赦免，以换取他们对政治体制改革的支持。如果用“绝不赦免”的方法，抵抗会越来越顽强，最后可能出现鱼死网破，甚至鱼未死网已破的态势。

在世界范围内，财产公开是官员从政的起码要求。在很多国家，官员财产公开被证明对反腐倡廉和民主法制建设成效显著，制度不断趋于完善，这都有现成的经验可借鉴。然而我国从1994年开始就将“官员财产公开”纳入立法规划，这么多年过去，其间，人大代表、政协委员和专家学者不断呼吁，但制度就是不见出来。

从李永忠的主张，其实可以看到官员财产公开制度迟迟不能出台的原因。一是财产见不得光的污点官员太多。如果绝大多数官员的财产来路都正当，只有极少数人的财产是通过权钱交易谋来的，那么，官员财产公开用不着讲条件，因为少部分人不足以对制度出台形成破坏性对抗。只有问题官员较多，才会形成对制度的阻力。二是公民力量不足以形成对问题官员的抗衡。反腐专家早已表示，官员财产申报制度的出台，取决于社会力量的博弈，取决于社会对既得利益者的阻止能力。如果说，社会力量相对问题官员处于优势，整治贪腐是不需要“赦免”之类的妥协的。

贪腐行为本没有赦免理由，严重犯罪不能因为人家主动交代和退回非法所得就完全免于处罚。但当下对贪腐官员，不得不让法律做某种形式的让步，这完全是无奈之举。18年立法酝酿无结果，可以印证李永忠“赦免说”的实际性。但另一面也说明，反腐的挑战异常巨大，腐败的程度和危害惊人，当然，官员财产公开制度的重要性和迫切性也充分显现出来。

如果迟迟不实行官员财产公开，腐败程度会越来越严重。以前查处的贪腐官员，贪腐数额多在几千几万元，渐渐数字越来越大，现在几千万上亿是常事。从贪腐对象的年龄和职权上看，越来越呈低龄低职化趋势，“晚节不保”已演变为“趁早下手”；从贪腐发生的领域看，已越来越从传统“重灾区”向其他领域普遍蔓延，甚至全社会效仿；从贪腐手段看，越来越形式多样，甚至通过制定法律制度来为寻租者牟利。众多现象表明了腐败问题的严重性。

如果迟迟不实行官员财产公开，实行的难度会越来越大。制度的阻力来自腐败分子的反对，随着腐败越来越严重，腐败人数越来越多，财产公开的阻力会越来越大。不得不通过妥协的方式减少阻力，说明时机已经不早，如果还不出台，可以想见，可能性会越来越小。

不能再让那些冠冕堂皇的理由耽误时机，什么“侵害了官员隐私权”“影响官员工作积极性和队伍稳定”“技术条件不成熟”……这些一戳就破的理由，无非是既得利益者不想在自己身上动刀的借口。全国政协委员迟福林说得实在：财产公开没有技术问题，立法更不是难点，而是决心问题。腐败的危害，已被提到“亡党亡国”的高度。这样的忧患意识，应该能催生公开官员财产的强大决心。

（原载《中国青年报》2012年12月18日）

考试制度的理想追求与现实选择

[正是因为考试的公平性受到很大冲击，我们才要加强公平性，而不能为一些影响考试公平性的因素开口子，如果我们完善考试制度的改革，恰好让人乘虚而入，破坏了公平性，那么，这种改革，肯定是要失败的。]

2008年，两起和升学考试有关的新闻都引起舆论热议。一是从2009年起，单一的“统一选拔考试”将在浙江省退出高考历史舞台，除了高考成绩，高中会考成绩、综合素质评价也都将成为能否被高校录取的重要依据。另一起是网友向媒体爆料，称学校发送给家长的材料中有关于深圳中考录取的优惠措施，“对于深圳金融界高层的子女，加10分投档录取”。两起事件，正好将时下关于招考制度改革中的两种意见倾向引爆。

对于升学考试，我们听到的批评不少。基本上，批评者都带着一种理想追求，积极主张对考试制度改革以消除弊端，建立一种没有缺陷的考试制度。十全十美的制度当然好，问题是，任何一项制度都难免存在缺陷，任何制度都只是在一定现实条件下的最不坏选择。

如果充分考虑现实条件，时下的考试制度是一种不得已的选择。国家也曾取消过入学考试和教学考试，并且也曾经过一些教育权威者的论证，可造成的结果大家有目共睹。现今的考试制度，就是在总结历史经验教训后做出的选择。

事实上，现行考试制度的优势还是不言而喻的。其选拔出来的人才，在世界范围内大都受欢迎。北大法律系教授孙东东曾介绍，作为教育部的顾问，他接待了好多国外的教育考察团，人家一致认为中国的高考制度好。很多学者认为，我们在国外的留学生，基本功普遍比较扎实，为学术延续打下了很好的基础，这在很大程度上得益于国内的基础教育。他们很担心，这样或那样的考试改革，会把一些好的东西给改掉了。

对于考试制度来说，公平比任何价值都重要，如果损害公平，则制度完善就失去了前提。而我们考试制度改革面临的最大的现实，就是考试的公平性受到严峻的挑战。

浙江放弃单一的统一选拔考试，对现行考试制度的改革力度是很大的，目的是弥补现在考试制度的缺陷。这一改革如果能按其理想设计运行，当然是好的。但任何理想的设计，都要在现实的条件下实行。浙江将高考录取的成绩改为高考成绩、高中会考成绩、综合素质评价三个项目，三项录取成绩里，前两项客观性好把握一些，但综合素质评价，主观性大了，这在时下，因为潜规则盛行，权力寻租权钱交易猖獗，在这样的语境下，自然会给人很多的担忧：让学校和老师给分，会不会有人和学校或教师做交易？学校会不会弄虚作假？事实上这样的新闻一出，很多网名的发言中，质疑的声音就很高，如“综合素质评价就是父母权贵资本评价”，“有人为评定因素，权贵子女甚至就可以‘通吃’考试领域”……

而这些担心，是有一定的现实依据的。2007年，河南省驻马店高级中学有两个“省级优秀学生”指标，结果，3名候选人都是本校教师子女，过去5年中，学校一共获得13个“省级优秀学生”的指标，其中只有两名非教师子女获评。2006年高考，鞍山竟然出现这样的现象：几乎连篮球都没摸过的学生，居然成了篮球项目国家二级运动员，获得加分，1200名学生参加高考，其中就有153名二级运动员，这二级运动员的证书，实际是花钱买的。而时下，各类高考加分，更让我们看到有关部门公然为一些群体谋特权，比如深圳对金融界高层的子女加10分投档录取的规定，比如福建漳州市规定，凡是纳税在300万元以上的纳税大户，其控股企业主的子女中考均可享受加20分的照顾。

正是因为考试的公平性受到很大冲击，我们才要加强公平性，而不能为一些影响考试公平性的因素开口子，如果我们完善考试制度的改革，恰好让人乘虚而入，破坏了公平性，那么，这种改革，肯定是要失败的。我们现行的考试制度，在选拔的公平性上是其他选拔方式无可比拟的，要改革，只能是完善，不能倒退。毕竟，有太多的人在渴望着公平。

（原载《中国青年报》2008年4月22日）

干部选拔：理应下级参与在先，领导审核在后

[在一项决策中，如果领导的意见表示在前，融入其他人意见的可能性就很小。特别是我国现阶段，政治文明还在不断建设中，下级唯上级命令是从，下级只对上级负责的现象还很普遍。]

浙江省为了使干部选拔透明化，出台新制度，让市委委员和候补委员提前介入干部选拔，由全委会成员以个人名义参与干部人选提名，具体操作方法是：领导岗位空缺时，由组织部门提出两名以上参选人员名单，送市委分管副书记和书记审核，再由组织部门将参选人员名单等情况提交市委全委会成员，由其以个人名义参与提名。

在浙江省新的提名操作程序中，我们注意到，市委书记、副书记审核在前，全委会成员参与在后。

众所周知，在市委员会中，书记、副书记（有很多地方是市长兼任）和其他全委会成员之间，存在着上级和下级关系。书记、副书记审核过的提名名单，自然带上了书记、副书记的

态度倾向。如果再让下级去讨论和评议，下级的言行中便没什么自由度了。或慑于上级的权威，或出于对领导的尊重和支持，或者甚至因为裙带关系，下级对上级的选择，一般会做出唱赞歌或者同意的选择。即便有人持反对意见，也很难表达出来，一则考虑到毕竟是出于领导的意思，二则在大多数人同意的情况下，很少有人愿意充当孤立的少数派。所以，在一项决策中，如果领导的意见表示在前，融入其他人意见的可能性就很小。特别是我国现阶段，政治文明还在不断建设中，下级唯上级命令是从，下级只对上级负责的现象还很普遍。

虽然在现实中，带有上级态度的选择，在下级的讨论中很难得出否定的结论，但这种可能毕竟理论上还是存在的。如果真是下级把带有上级态度的选择否定了怎么办？浙江规定的操作方法中并没有涉及。是不是在制度设计者的潜意识里，这种可能根本就不会出现？如果真是这样，那么上级的意思表示就是最终结果，其他人的参与就没有任何意义了。

反过来，如果下级参与在前，而上级审核在后，结果就会大不一样。因为事先没有上级的意思表示的束缚，下级就可能充分表达建议和意见，这些建议和意见的综合，就具有一定的代表性。在下级综合意见基础上形成几种方案，由上级选择一种，上级和下级的意见就能有机地统一起来。这样的决策，科学性自然更有保障。

一项决策中，如果很多人的参与是必要的，那么就要保证参与是实质性的，参与人员的意见和建议要尽量在决策中得到体现。浙江的“透明”化提名操作程序中，虽然全委员成员都参与了提名，但由于程序上的问题，这种参与起的作用可能非常有限。透明的效果，也只是让全委会成员较早知道了提名名单，而民主监督的作用有限。透明不是目的，而是手段，透明是为了让决策更加民主，更加科学，不能为了透明而透明。

按照浙江省有关负责人的意思，出台这一制度，出发点无疑是好的。但是，有了好的出发点，还必须有科学的操作方法。否则，就会被人误解为新瓶换旧瓶的政治作秀。

（原载2004年11月11日《中国青年报》）

院士可不拒官，但绝不可媚官

[在权力无所不入的感知中，公众能对工程院院士的评选过程另眼相看，对其独立品质持信任态度吗？要让人相信，工程院接纳高官高管，就是看重他们在技术上的成就与贡献，会始终秉持严格的客观标准，不容易。]

中国工程院发布2011年年度院士增选有效候选人名单，中石化董事长傅成玉、中电投副总张晓鲁、神华宁煤董事长王俭等央企高管和上海市副市长沈晓明、安监总局原副局长闪淳昌、教育部原副部长吴启迪等政府高官在列。工程管理学部44名候选人中，近半数来自央企和政府部门。针对社会质疑声，有关人员表示，不能因职务身份将人拒之门外。

如果那些高官高管在专业方面有过人的成就和业绩，因为他们身居或曾经身居高位，就将他们拒之门外，对当事人不公平，在评选机制上讲也不科学。于情于理，院士不拒高官高管，都没有错。

公众对院士候选人名单的质疑，要点可能不是高官高管们能否入选院士，而是他们凭什么成为院士。这种怀疑和担忧，又来自他们对权力无所不入的现实感知。

一旦手握大权，则可左右逢源八面来风，渐成社会常态。比如欠缺经济学理论功底，也没有什么过人音乐天赋的证监会原副主席、国家开发银行原副行长王益，在位列高官后，不但被北京大学光华管理学院聘为博士生导师，还成为“音乐大师”。比如国内最大的博士群在官场，某县从县委书记、县长、副县长，到乡长、派出所所长，都有各类硕士博士的名头。

为什么出现这些现象？答案在于，时下很多领域，不但对掌握权力者广开大门，甚至还主动迎合，呈现出一副副丑恶的媚态。只要能给自己带来资金或资源，学位可以送，职称可以送，荣誉可以送，至于学术精神、职业荣誉、独立品质，都已渐行渐远。

在权力无所不入的感知中，公众能对工程院院士的评选过程另眼相看，对其独立品质持信任态度吗？要让人相信，工程院接纳高官高管，就是看重他们在技术上的成就与贡献，会始终秉持严格的客观标准，不容易。要知道，支配公共资源的权力在高官，把持大笔资金的权力在高管，事实证明，即便是退休的高官高管，也有相当大的能量。

那么多位居要职的人进入候选人名单，以致议论纷纷。有关方面要消除公众疑虑，让工程院院士评选有较高的公信力，就得把他们说的话切实变成行动，“标准统一”“严格把关”

“特别关注候选人的学术背景”，而不能让官位成为入选院士的资本。否则，不但让工程院院士评选的严肃性尽失，院士所包含的荣誉难免大打折扣，也会破坏学术规则，玷污科学声誉，让中国的科研环境进一步恶化。

除了评选时真正不媚官，恐怕有关方面还得在树立“不媚官”形象上多做些工作，对成为候选人的“官们”，更应认真核选。要知道，公众对那些高官高管的真正科技实力是高度怀疑的，不但基于人时间精力的有限性（居官位者到底有多少时间投入科技），更基于学术腐败科研造假的事多发，而掌握了资源分配权力的领导们，更方便把别人的变成自己的，更方便无中生有以小“做”大，不少贪官拿着高学位占着教授、博导头衔，却没有读什么书从事过什么研究，就是例证。

为此，不妨让工程院院士评选多些透明性，把他们的成就和贡献拿出来晒晒。在阳光下，带来的是评选的纯洁，是公众的信任。

（原载《大河报》2011年5月27日）

Part6

不该缺位的权力

把不住的安全关让人心生恐惧

[矿难止不住，电梯事故频发，可以责怪矿主昧良心挣钱，可以归因于电梯质量不合格。可是，无论是煤矿的生产过程，还是电梯的产品质量，都是有把关人的，把关人是受公众委托，替他们把生命安全关的，把关人起到了什么作用？]

2011年7月10日21时，深圳地铁4号线清湖站的上行扶梯发生逆行，乘客猝不及防摔下，造成4人受伤。

此起事故离北京4号线1死28伤的事故只有几天时间。北京事故发生后，国家质量监督检验检疫总局发出紧急通知，要求各地的质量技术监督部门要督促地铁、机场等公共场所，立即对所使用的自动扶梯开展全面排查，消除安全隐患。据深圳市市场监管局的通报，他们接到通知后，严格按上级通知要求执行停用奥的斯513MPE型号电梯，组织各分局开展自动扶梯隐患排查治理工作。但就在安检行动的火热进行中，事故又发生了。

其实，此番安检行动发起之前，深圳也有过动静不小的安防动作，因为7个月前，深圳地铁罗宝线国贸站也曾发生类似事故，造成25人受伤。深圳地铁集团称，2011年12月的事故发生后，他们对扶梯进行了全面检查，并进行了相关的设计改造。清湖站事故发生前几天，港铁深圳公司还表示，深圳地铁4号线的扶梯已全部通过政府验收，扶梯保护装置试验和负荷测试均符合国家标准。

一次次的事故，一番番的安检行动，并没有把住安全关，事故还是一再发生。这不免让人担心：安全关把得住吗？有这样的心理，不完全因为类似事故接连发生，而是的确存在这样的现实。试问，如今人们看到矿难发生，还会有强烈反应吗？人们早已习惯了。每一次矿难发生后，都会有加强安全的指示要求，要求严把安全关，可是矿难停止过吗？就在近段时间，矿难还发生数起，广西合山矿难还正在救援进行中。在矿难问题上，完全可以下结论，时下安全关是把不住的。

矿难止不住，电梯事故频发，可以责怪矿主昧良心挣钱，可以归因于电梯质量不合格。可是，无论是煤矿的生产过程，还是电梯的产品质量，都是有把关人的，把关人是受公众委托，替他们把生命安全关的，把关人起到了什么作用？

不错，再好的产品，也难免出问题，我们用的电梯，不是世界知名品牌吗？可让人想不通的是，这些知名厂家生产的产品，在中国出事率就是比国外高得多。据统计，奥的斯在中国的电梯，从2007年至2011年，每年都有一起电梯、扶梯事故，2011年上半年至少发生3次引起关注的事故，致2人死亡。在向媒体解释奥的斯电梯中国产品和国外不同时，生产方表示，该公司虽然属于美国与中国合资公司，但旗下的产品早已“本土化”。

“本土化”意味着产品质量比不上国外制造。为什么出现“橘生淮北则为枳”的现象？答案只能是生产者的质量意识降低了，质量监管的关卡放松了。这其中，质量监管又是关键，如果监管是严监管，生产商能对质量不上心吗？

如果产品在生产环节没有高标准要求，在产品购买时，那些对百姓生命安全负有把关责任的人也是有选择的，不能确保安全的产品可以不要啊。有学者披露，地铁的电梯招标方面非常混乱，是否属实？安全事故频发是否与此有关？

确保电梯运行安全，还需过安检维护的关。深圳地铁集团表示，自2010年12月的事故发生后，他们增加了维修保养频次，并定时进行“体检”。然而，检查到底怎么进行的，质量隐患怎么就查不出来？特别是北京事故发生后，有关方面更是提出了严查隐患的要求，隐患照样没有被发现。

层层关卡，道道虚设，这是安全事故一再发生的结论性原因，是被一次又一次事故调查结果印证过的。安全关把不住，必定以百姓生命为代价。而把不住的安全关，从矿难向其他领域扩展，让人恐惧，让人愤怒。

（原载《中国青年报》2011年7月12日）

矿难是人力不可抗的吗

[如果矿难真不可防治，那么，世界各国的矿难就会同样多。可事实是，在不少国家，矿难发生率非常低。]

矿难又发生了。山西焦煤集团西山煤电屯兰矿井发生爆炸，截至2009年2月24日，已有74人遇难。

矿难不时发生。对于矿难，我们采取的办法不少，从主管行政机构升格，到地方行政领导（包括省长）易人，到各种规章制度颁行……可效果却很有限。每次矿难发生后，有关方面不可谓不重视，领导批示、停产整顿、安全检查、调查总结、罚款抓人……然而，矿难依旧一次次地发生，死难人数依旧触目惊心。矿难如此顽固，以至于很多人已对遏制矿难失去信心，甚至认为矿难是不可避免的，人力对它就是没有办法。但是，矿难当然不是人力不可抗的。

如果矿难真不可防治，那么，世界各国的矿难就会同样多。可事实是，在不少国家，矿难发生率非常低。美国劳工部曾对采矿业、运输业、农业、建筑业、制造业、零售业等6个行业的事故发生率进行统计，令人难以想象的是，采矿业的“百名全职工人事故发生率”竟然排在最后一位。如果要中国人来排名，谁都会毫不犹豫地将采矿业排在第一位，可美国竟让我们看到了出乎公众经验之外的事实。

从常理来推断，矿难也不是不可防治的。人类灾难分两大类：一类是不可抗力造成的，一类是人的过失造成的。第一类，人很难预见，很难控制，如地震。而第二类则完全是可控的。要控制矿难，无非是把住两个方面的关卡：一是安全设施，二是安全操作。

安全设施，是保证安全的物质手段，发达国家的采矿安全度高，很大程度上是他们设施先进。但设施先进，却是由投入决定的。投入必定影响利润率，有的企业舍得投入，有的企业未必愿意。要加大安全投入，一靠企业主对生命的重视，靠其道德自觉，二靠行政部门给企业压力。而道德自觉往往是靠不住的，更多的是得靠政府给企业压力。矿井安全设施不合格，就不能让其生产。我们有设计、施工、试生产、竣工验收等多道验收程序，有生产安全评估、地质灾害评估、消防、环保等多个审查环节。这其中任何一道程序和环节，都能有效消除安全隐患。人力做到这一点并非很难，只要相关职能部门和工作人员忠于职守、严格执法就可以做到。可在我们的矿井中，国有煤矿在用设备约三分之一应淘汰更新，东北一些煤矿伪满时期的设备还在运转。这些煤矿的安全验收关是怎么过的？

安全操作，需要企业的管理层和作业层都严格按照安全规程办事。这一点，也完全是人力可控的。从作业人员来说，相信很少有人会拿自己的生命当儿戏，关键是要让他们意识到危险，知道如何防范。万一有麻痹大意的，也可以通过加强管理解决。所以，这一关，完全在于企业的管理，而企业的管理压力，同样来自政府。如果违规者能得到及时和到位的惩罚，他们自会有加强管理的压力。

从以往发生的矿难来看，大多矿难发生的原因，还在于煤矿安全主体责任落实不到位，煤矿技术管理和现场管理不到位，煤矿安全监管责任不到位，煤矿企业从业人员培训工作不到位。都是人为的原因，没有把好安全关。

当然，也有观点认为，我国发展基础不如发达国家，安全投入的力度还跟不上，而经济发展的速度又急需大量的原（燃）料，造成特殊时期安全问题突出。但无论何种理由，都不能以人的生命为代价，不管是经济发展速度的需要，还是发展基础上的不足，都不能让人的生命安全为其让道。常说我们的制度适合集中力量办大事。时下，矿难问题不可谓不是大事。相信对于矿难，我们不会束手无策。

（原载《中国青年报》2009年2月24日）

实行诉后救助是正义的应有之义

[维护自己的自由和尊严是一个人的基本权利，而让每个人能够有效地维护自己的自由和尊严，却是政府的义务。如果一个国家的公民无法捍卫自己的自由和尊严，那显然是不正常的；如果一个国家的公民因为无法承受之重，而甘愿放弃自由和尊严，那是国家的耻辱。]

最高人民法院在部署2007年人民法院工作时，提出把“研究建立刑事被害人国家救助制度”作为其中一项重要任务。时任最高人民法院院长肖扬表示，要加大对困难群众的司法救助力度，把维护群众利益作为提供司法保障的出发点。

司法救助有诉前救助、诉中救助和诉后救助，目前，人民法院的司法救助有诉前救助和诉中救助，诉后救助还只有部分法院在探索建立中。但诉讼终结后的救助，在现实中却有着迫切的需要。

在辽宁盘锦发生过一件让人非常辛酸的事。20岁女青年王某为了逃避男友的强奸，撕扯中从五楼坠下，造成高位截瘫。王家为女儿治病，王父买断工龄获得的16万元补偿全部花完，还欠了10多万元的外债。王某长期要家里供养，还得有专人照顾，王父在买断工龄后又失去经济来源，在沉重的压力下，王父活活将女儿掐死。（《华商晨报》2006年1月19日）

王某只不过是为了维护自己的自由和尊严，但是，她付出的代价是非常沉重的，不但自己失去了年轻的生命，父亲还要在牢狱中度过余年。这件事在社会上引起了很大的争议，其间有这样的声音：早知这样，王某还不如不抵抗。但是对于这个悲剧的发生，我们难道能怪罪王某当初的反抗吗？

因为刑事案件而致受害人甚至其全家陷入绝境的事情屡有发生。河南开封县农民李建增，儿子遭绑架，在营救中，儿子被绑匪放置的手榴弹炸死，李建增被炸掉右手，造成残废。事后，虽然法院判决几名被告赔偿李建增及其家人10多万元，但3名绑匪基本上没有可供法院执行的财产，李建增所赢得的，只是一纸判决书而已。李家因此陷入困境。在不少刑事案件中，受害者是家中唯一的劳动力和经济来源，一人受害往往让全家绝望。

本来，法律有刑事附带民事赔偿的规定，但是，刑案导致受害人及全家陷入困境的事却非常普遍。这种现象的发生，专家分析认为，一方面，因为我国传统的“打了不罚，罚了不打”的旧观念，导致刑事案件附带的民事赔偿难以得到支持；另一方面，很多刑事案即使判决了民事赔偿，但受害人事实上也得不到赔偿。一位从业24年、代理过1000多起刑事案件的律师介绍，刑事案件中，受害人得到赔偿的比例不足30%，但在这30%里面，最后真正拿到钱的，仅有三分之一。

在这样的前提下，实施诉后救济制度的呼声很高。比如，犯罪行为给受害人造成重大损失，导致其生活困难，罪犯又无赔偿能力，国家应给受害人一定救济；比如，对在刑事案件中受到伤害又急需医疗救治的，国家给予救急资助等。

事实上，给予那些因为刑事案件而陷入困境的人相应的救助，国家是有义务的。在女青年王某的悲惨故事中，如果王某一家能得到相应的救济，惨剧显然可以避免。本来，维护自己的自由和尊严是一个人的基本权利，而让每个人能够有效地维护自己的自由和尊严，却是政府的义务。如果一个国家的公民无法捍卫自己的自由和尊严，那显然是不正常的；如果一个国家的公民因为无法承受之重，而甘愿放弃自由和尊严，那是国家的耻辱。

（原载《中国青年报》2007年1月12日）

变强大的灾害救援能力为防御能力

[国家也许一时保证不了所有国民都过上富裕的生活，但必须尽可能保障所有国民的安全，最起码，不能让某些人在灾难面前毫无防护力，这应该是政府义务的底线。]

2012年9月10日，云南省发改委称，就彝良地震救援，中央财政在拨付地震救灾和恢复重建资金10.5亿元基础上，又追加1亿元基础设施建设资金，总救援金额达11.5亿元。国家相关部门还下拨5000顶帐篷，紧急调运20000件棉大衣。同时，彝良县收到中央各部门捐款7000余万元、省级部门捐款6223万元。

云南省昭通市彝良县2012年9月7日发生的地震，虽然震级只有5.7级，但造成的损失不小，截至9月10日，有81人遇难，800多人受伤，数万间房屋倒塌。

不得不承认，对灾区的救援是非常有力的。灾难表现出中国强大的救援力，历次大灾大难都如此。2008年汶川大地震后，中国的表现让外国媒体惊呼：没有哪国救灾能像中国这么出色。

无论是来自政府，还是缘于民间，中国都具有强大的灾难应对能力。然而，让人遗憾之处是，这种强大的能力总是表现在灾难发生后的救援中，灾难前预防，却表现出太多的“疏漏”。

参与彝良地震救援的驻滇某集团军工兵团地震救援队指挥长陈国勇感慨：“5.7级地震就能晃倒那么多房屋，说明那些房屋根本达不到最低的抗震标准。”一句话清晰地描述了当地的防灾水平。住房质量是地震损害预防的第一道屏障，住房达不到最低的抗震标准，居民在地震面前的安全还有什么保障？

住房简陋的背后，是百姓生活贫困的境况。作为重点扶持的贫困县，彝良县很多居民靠自己建不起抗震的房子，一些人住草木结构的“千脚落地房”或“杈杈房”，或者住土墙房。尽管国家在建筑抗震设计上要求，一般的民用建筑要可抗6级地震，可在贫困面前，如果只是规定标准，而没有救济，这种规定就只是白规定。

国家也许一时保证不了所有国民都过上富裕的生活，但必须尽可能保障所有国民的安全，最起码，不能让某些人在灾难面前毫无防护力，这应该是政府义务的底线。然而，我们还有多少老百姓像彝良县的灾民一样，住房一震就倒，处于毫无防护的状态？

财政困难，是最普通的借口。可是，在灾难发生后，我们不是同样要投入巨大的人力、财力吗？既然我们在灾后救援中能表现出强大的能力，可以断定，在灾前防御时，我们缺的不是能力。

我们所缺的，是一种科学的政绩评价体系。灾后救援中表现突出往往会轰轰烈烈，而灾前防御中的付出则可能默默无闻，恐怕是一种普遍的政治生态，既然如此，甘当无名英雄的能有几人？我们缺的，还有面对灾难的理性，有些人总是过于急功近利，对防灾的投入恨不得马上见效果，房子建牢了却没发生地震，就会认为是白投入，对低概率的灾难做投入，会被认为“划不来”；我们缺的，还有对百姓生命安全的关切，有些人对灾难的防治，总是寄托于廉价的侥幸。

不能让老百姓住“达不到最低的抗震标准”的房子了，必须对他们进行救济。政府要做的事很多，但资源安排必须有个轻重缓急，对生命安全的保障，应放在重要的议程——当很多人还暴露在灾难危险中时，“造湖”是不是少一些，“造城”是不是可以放一放？特别是“政绩工程”的心理，必须自觉抵制。

政府的财力当然是有限的，但完全可以动员社会的力量。社会不缺爱心，关键要动员，要组织，政府对社会也有强大的组织和动员能力，问题是要把灾前防治切实重视起来。

（原载《新华每日电讯》2012年9月14日）

予民红利应对通胀：百姓生计优先

[通胀也好，物价结构性上涨也好，政府要考虑的问题是多方面的，有重有轻，有缓有急，但当老百姓捂着钱包跑不过CPI而怨声四起的时候，最紧要的，还是采取最简捷最见效的办法，帮助正受影响的百姓减轻眼前的困难。]

据《澳门日报》报道，时任澳门特别行政区行政长官何厚铧2008年4月22日宣布，为应付通胀，拨出逾20亿元盈余还富于民，永久居民获发一份5000元的“红利”、非永久居民获发一份3000元的“红利”，争取在同年7月实施。

这已经不是第一次听到政府给全民发红包了，美国、新加坡、中国香港特别行政区政府也有类似的“还富于民”之举。2008年两会期间，内地也有专家提出过效仿。上海市政协委员邢普建议，国家向全国人民每人发放1000元，让大家直接分享改革开放的成果，作为CPI高增长的补贴。针对这一提议，很多专家表示反对，理由是，直接用发红包的方法来应对CPI高涨，从经济学意义上更像“饮鸩止渴”，因为通过财政或货币政策注入货币，可能带来更大的通胀压力。但是，澳门为了应对通胀，却直接选择给居民发红包，其用意再明白不过了。

事实上，通胀中，对普通百姓进行生活扶持，是政府责任所在。通胀是一次财富大转移的过程，马克思曾经说过："通胀是对内的掠夺。"通胀到来时，因为预期通胀率和实际通胀率有差距，可能出现工人工资不变或降低的现象，而企业则增加利润；富人可以通过多种方式来规避自己的财富缩水，而对一般老百姓而言，物价上涨就等于收入减少，接下来的就是生活水平降低。在这种情况下，政府对生活受到通胀影响的人进行帮助，也是在维持社会公平和正义。特别是对那些因为通胀而生活困难的人来说，如何确保他们正常生活，更是政府必须要做的。

几千元的红包，对富人来说，可能算不了什么，而对于在物价飞涨中生活困难的人来说，则有很大的用途。时下，我们正面临很大的物价上涨压力，2007年的全年CPI增幅达到了4.8%，2008年第一季度CPI同比上涨8%。在这样的压力面前，在别人的先例面前，自然有人想到了政府的红包。但是，邢普提出建议后，我们还没有看到有关政府部门的任何回应。有学者认为，发红包不如减税，这样更简单可行一些。事实上，减税对很多穷人来说，是不能受益的。比如个人所得税，2008年起征点为2000元，全国大约只有30%的人需缴个税。很多人，特别是农村的人，月收入根本到不了2000元；而对企业减税，则未必能让工人的收入增加。事实证明，企业给工人加工资，总是那么消极。2008年4月，翰德公司发布了2008年第二季度翰德（亚洲）报告，报告显示，在加班工资方面，仅有13%的受访者表示所在公司已经执行了新的加班工资规定。如果减税不能变为工人收入增加，则反而加重了财富转移，变成了劫贫帮富。

当然，全民派发红包，需要政府有一定的财力。邢普在提出自己的建议时，比较了两组数据。一组是，2007年全国财政收入超过5万亿元，增幅高达31%，而且在这一年，停止了近12年的国有企业红利征收又恢复，政府多增了500亿元的收入；另一组是，政府部委的钱却似乎多得花不完，2007年11月《经济观察报》的一篇文章指出，中央各部委由于只花掉了总预算的六成多，有的部委紧急下发通知要求各部门抓紧完成预算，否则“后果自负”。

通胀也好，物价结构性上涨也好，政府要考虑的问题是多方面的，有重有轻，有缓有急，但当老百姓捂着钱包跑不过CPI而怨声四起的时候，最紧要的，还是采取最简捷最见效的办法，帮助正受影响的百姓减轻眼前的困难。

（原载《中国青年报》2008年4月26日）

政策有漏洞，职能部门岂能坐收渔利

[有些地方的职能部门，他们所忠于的，是地方利益，是自己的政绩，而至于职业操守、职业精神，在他们那里位置并没有被摆正。]

2008年初，在打工地交了养老保险，可因为不能转移，很多农民工选择退保。临近春节，珠三角农民工退保成“潮”，有的地区农民工退保率高达95%以上。农民工退保，当地政府却在增收，因为，农民工一次性领回的那部分保险费，只是“小头”（个人缴纳部分），而“大头”（单位缴纳的统筹部分），却充入了地方社保基金。本来，农民工解除劳动合同时，可选择停保（保留保险关系，重新就业时再接续），也可选择退保，但因为退保对地方政府有利，一些地方社保机构愿意农民工退保，有的甚至刻意规定“解除劳动合同必须退保”，主动扩大退保面，以获取利益。

也许，让农民工缴纳养老保险，是为了让他们日后有生活保障，是惠民之举。但是，既然是出于这样的考虑，那么政策制定时就应考虑到农民工的实际情况，这农民工流动性大的问题，是首先要考虑的。然而，现在的政策却是，在一地上的养老保险，要在当地累计缴费15年，退休后才能拿到养老金，这对于农民工来说，太遥远了。深圳1987年起允许非户籍人员参加养老保险，15年后，能够享受养老待遇的仅有100多人。而离开打工地，保险关系却不能转移，要“另起炉灶”，缴费年限重新计算，这让农民工如何能实现15年的缴费年限呢？显然，城乡之间、地区之间，社保不能有效对接，现行的养老保险政策存在漏洞。

农民工纷纷退保，他们的损失是不小的。虽然一次能拿到一笔在他们看来并不少的现金，但几年的缴费年限将作废，个人账户将不存在，今后虽可重新缴纳，但得从头开始，而且养老金水平与缴纳年限是密切联系的，缴费时间少几年，养老保障水平就要相应降低。

也许，对于很多农民工来说，算清这笔账并不容易。但作为政府职能部门，心里应该十分清楚，退保对农民工来说失去了什么。既然这项政策是为农民工提供养老保障的惠民政策，职能部门有义务让这项政策真正施惠于民，在实践过程中发现政策有漏洞，理应尽早提出建议，推动政策的完善，让政策起到实际效用。除了如此，对于那些存在思想认识上的原因而要退保的农民工，还要做他们的思想工作。有些农民工，对传统养老方式习惯了，对新的养老方式因陌生而不愿意尝试，有的农民工对这一政策还不信任，有的抵不住几千元现钱的诱惑，把钱拿到手再说。对于这些农民工，职能部门理应坚信，政策的漏洞只是暂时的，总会有完善的一天，应该多做说服性工作，尽可能稳住农民工不退保。一句话，政府职能部门对于自己执行的政策，如果发现有漏洞，应及时弥补。这是他们的本分。

然而，看看有些职能部门到底做了什么？他们看到的不是退保让农民工所受的损失，而是对于本地养老统筹基金的“贡献”。以东莞寮步镇社保分局为例，2007年1—10月该镇养老退保2.37万人次，退保金额达3180万元，按照企业上缴比例推算，该镇社保分局2007年沉淀进本地账户的社保资金在3200万元以上。正因如此，对农民纷纷退保的现象，很多地方的职能部门不但不着急，不采取措施阻止，反而有意无意地施加助力，如规定“解除劳动合同必须退保”，如故意设“卡”，不接受从别市转进来的无常住户口人员的社会保险手续，等等。此类做法，当然会使退保的人大大增加。他们这样做，不正是利用政策的漏洞，而且故意去捅大这漏洞，扩大自己获利的机会吗？

这类现象，让我们再一次看到，有些地方的职能部门，他们所忠于的，是地方利益，是自己的政绩，而至于职业操守、职业精神，在他们那里位置并没有被摆正。

（原载《中国青年报》2008年1月10日）

是什么使赌徒心态为害官场

［不少贪官落马不是靠监督系统发现的，而是靠贪官离婚离出来的，靠小偷偷出来的，靠官员窝里斗斗出来的……这些情况，势必让贪官认为落马是出于偶然，从而会产生一种能规避法律风险的判断和自信。］

广东东莞樟木头镇原镇长李为民，挪用1.1亿元公款频繁到境外赌博，输掉9000多万元，成为东莞历史上挪用受贿贪污数额最大的官员。这个镇长的赌瘾可真大，仅2004年赴港澳的出入境记录上就留下了67次记载，最频繁的一个月高达17次，即平均每周往返四五次，其中大都为参赌。

贪污巨款用于赌博的贪官近年来我们见了不少，湖南郴州市住房公积金管理中心主任李树彪利用职务之便，挪用公款5800多万元，贪污公款6000多万元，绝大部分用于到澳门等地豪赌；重庆原市委常委兼宣传部长张宗海、副部长张小川，挪用公款两亿多元，在葡京赌场贵宾厅一掷千金，结果输掉1亿多元；中山市实业发展总公司原经理陈满雄和妻子一起，在澳门葡京赌场狂赌，欠下巨额赌债，为归还赌债挪用中行中山分行的资金共计4.2亿多元……

官员赌博的程度和危害性引起了高度重视，从中央到地方都出台了很多措施严禁官员参赌。其实，遍观贪官们的沉浮录可以发现，赌，是贪官们的共性，几乎贯穿了他们的一生，他们的赌性，不只是体现在赌场上，在谋求升迁时，在聚敛钱财时，在对待查处风险时，他们都在赌。

2006年被判无期徒刑的河南省交通厅原厅长石发亮，多次单独或伙同其妻非法收受贿赂钱物折合人民币1900余万元。石发亮不是不知道贪的风险，而是对贪的下场看得非常真切，因为前面两任厅长都因受贿而落马，自己恰恰是因前任落马而继任。但是，眼前的教训他一点都不在乎，他这么做就在于“赌一把”的心理，认为贪官落马就是因为不小心露出了马脚，如果小心谨慎一些，就可以逃过制裁。正是这种赌徒心态，使贪官们进了官场就如同走进了赌场。

在被查处的贪官中，能看到许多石发亮式的赌徒心态。在“赣南第一腐败大案”中被查处的赣州市公路局原局长李国蔚直截了当地说：“查到了我，算我运气不好。”巨贪李真、毕玉玺在忏悔录中，也都承认是赌徒心理使他们铤而走险。

这种心态在贪官中的流行加大了反腐的难度。各种各样的反腐措施，被贪官们看作只能网捕“赌场失利者”；被查处的贪官，被他们认为是运气不好的人；而用来作为反腐教育的教材，被他们用来进一步提高腐败技能。敛财480万元而被查处的山西省临汾市公安局原局长邵建伟，在他的忏悔中说：“我常看一些有关反腐败的案例报道，不是为了自重、自省、自警、自励，而是想了解他们是怎么被查处的，以提高自己反查处的能力。”

赌的本质，是指结果具有不可知和不可控性，结果是由偶然而不是必然性决定，如果结果是可控和可知的，那就没有赌存在了。试想，如果事先就知道结果必然如此，还有人加入赌局吗？所以，要消除赌，最根本的办法，就是要增加结果的确定性。就消除贪官的赌徒心态而言，必须增加一种确定性：凡贪者必被严惩。

当然，要使每一个贪官的每一个不法行为能得到迅速查处，很难达到，但是我们要使社会产生一种确信：我们的监督系统是非常高效的，能迅速和最大可能地查处违法者。但从现实来看，我们的监督系统离这一目标还有距离，有些贪官的劣迹早已在老百姓中传开了，但有关部门还不知道。不少贪官落马不是靠监督系统发现的，而是靠贪官离婚离出来的，靠小偷偷出来的，靠官员窝里斗斗出来的……这些情况，势必让贪官认为落马是出于偶然，从而会产生一种能规避法律风险的判断和自信。

（原载《中国青年报》2006年8月15日）

没有管束的攫利必然导致血的代价

[船主在利益面前失去理智，安全监管部门哪去了？面对那么严重的超载，只要心里还有一点安全意识、一点责任意识，就不会置之不管。没有了管束，船主超载更肆无忌惮。]

2011年9月，湖南邵阳沉船事故死亡人数12人，大多数为女学生。超载，挖沙船导致河道不畅，是这起事故的主要原因。

湖南省交通厅表示，发生事故的“湘邵0018”客渡船，核定限载人数为14人。然而，如果按标准运营，船主获利很有限，于是，超载成为家常便饭，一般时候船上都要装五六十人，节假日装八九十人也很正常。超载无疑会影响客船的正常驾驶和安全运行。超载的危险性，船主不可能不清楚，然而，利益的驱使，让他们来不及顾及这一点。于是，船上到底载多少人，已不取决于载重限量，而是取决于船的载人容积了。

船主在利益面前失去理智，安全监管部门哪去了？面对那么严重的超载，只要心里还有一点安全意识、一点责任意识，就不会置之不管。没有了管束，船主超载更肆无忌惮。

然而，造成事故的更重要的原因，还不是超载。船是被滞留在河里的挖沙船的钢丝绳绊住，造成侧翻下沉的。据群众反映，客船与挖沙船的纠缠，是出事那条河上最为常见的“麻烦”。然而，这样的“陷阱”在河里四处密布，出事河段一片不大的水域，有七八台挖沙船在作业，河道也被挖沙船挖得千疮百孔。客船只能在挖沙船之间、在挖沙留下的沟壑和石堆中间穿行。超载的船、险象环生的河道，坐在船上，用如履薄冰来形容一点也不为过。

挖沙无节制，在于诱人的利润。“每月至少七八万的毛利”，让“公地悲剧”在那条河流上发生，在沙源几近枯竭的同时，河段被折腾得面目全非。威胁不限于行船安全，沿岸村民田地也出现下沉，甚至有房屋垮塌。当然，这河流不是没人管的“公地”，无论是水利局、国土局，还是交通运输局，都有监管责任。然而，相关部门采取的措施，只限于发发禁令、公告，事实上这些东西没有人理会。

职能部门不多管，除了不积极作为，可能还隐藏着更深的问题。村民反映，他们去水利局告状，人家告知，开沙船的有后台，县水利局就有官员参股。原来，负有监管职责的官员，自身就是没有节制的开采者。这就不奇怪，职能部门采取的措施，只是纸上行动了。这种原本就只想做个履职交代的禁令、公告，自然只能像“从来没有发过一样”。于是，没有理智的攫利行为在继续，隐患在加重，惨剧也就逼近。

惨剧的背后，有着严重的问题。那些逝去的生命，是各种疯狂攫利行为的无辜受害者，对他们的亲人，应该有个合理的交代，否则，就是让那些无辜生命为无良行为承受代价。对于惨剧暴露出的问题，当地政府应该一查到底，应彻底坦陈问题，不回避责任，不放过任何一个责任人。然而，有关部门似乎并没有表现出很大的诚心和决心，甚至围绕事故处理，还出现一些让人不可思议的怪现象。比如，没下雨，河水一夜之间却涨了两三米。而官方的解释，却没有表现出一点说服力。对于河水上涨，回答是自己也不知道。

失去那么多条人命，教训是惨重的。如果说他们的不幸能换回有些人良心发现，能换回有关部门安全意识的提高，甚至带来当地廉政状态的改变，他们承受不幸还算是有点意义。最为惨重的，是他们逝去了，而真正的责任人还逍遥法外，惨剧的根源还没有消除，那样的话，这些无辜逝去的生命又如何安息？

（原载《燕赵都市报》2011年9月12日）

取消借读费别成好心办坏事

[不能收取借读费，财政支持又跟不上，公立学校肯定大量减招借读生，很多外来人员的子女只能就读民办学校。而民办学校收费比公立学校高得多。]

广东省物价局、省教育厅、省财政厅联合发出通知，从2009年1月1日起，一律取消义务教育阶段中小学校学生借读费。本省户籍及符合省规定义务教育条件的外省户籍学生，在义务教育阶段公办学校就读免收杂费、课本费；而就读义务教育阶段民办学校的，按民办学校学杂费标准，减除各级财政规定的义务教育阶段杂费和课本费补助标准后缴费入学。

取消借读费，可以减轻借读生家长的经济负担。但是，这一规定如果得不到很好执行，就可能损害借读生的利益。

收费是公立学校招收外来学生的经济动力，他们没有接收非本地户籍学生的义务。如果没了借读费，他们还会接收借读生吗？媒体报道，一些校长明确表示，借读费取消了，如果财政补贴跟不上，他们就只能减少借读生人数。所以，要保证取消借读费真正造福于借读生，借读费取消后的政府财政补贴必须及时到位。

广东省的这份《通知》只是原则性地规定：“省财政将通过逐步提高城乡义务教育公用经费补助标准支持各市，各市、县财政部门要根据本地财政承受能力等情况，商同教育行政部门研究确定安排免借读费后经费缺口资金补助办法。”省里的财政补贴，只是“逐步提高”；市、县财政如何补贴，也看不出有多少强制性；如果补贴不到位，也没有处罚措施。

有学校校长就表示，2007年开学时，学校按有关规定不再收取借读费，学校少了十几万元的办学经费，但开学近3个月，区里拨的经费只有9万元，学校早已捉襟见肘。

不能收取借读费，财政支持又跟不上，公立学校肯定大量减招借读生，很多外来人员的子女只能就读民办学校。像广州市义务教育阶段借读生主要为外来务工人员的子弟，2009年总数已超过43万人，其中约1/3正在公立学校借读。这么多学生，足可形成一个从公立学校向民办学校的转移潮。

民办学校收费比公立学校高得多，也有相对较大的收费自主权。取消借读费相对民办学校收费来说，只是杯水车薪。学生在民办学校就读，其交费相对于在公立学校交赞助费来说，可能要多得多。中山大学附属中学的收费只是中低等，他们初中收费1.5万元/年，高中收费是1.6万元/年。而且，在很多家长心中，公立学校教学质量要好于民办学校，更让人信任，如果非要他们的子女在民办学校就读，实际上是剥夺了他们的选择权。

如此看来，广东取消义务教育阶段学生借读费，民办学校可能会因生源大增而迎来一个好的发展机遇，而那些外来人员的孩子上学将可能变得更加被动。

（原载《中国青年报》2009年4月29日）

日企的自信能否催我们痛下决心

[维护农业安全和农民利益的出路，还在于加强监管，改变食品安全现状，树立起消费者对国产食品的信心。如果内外品牌影响的差距太大，政府可能也不好办。]

日本朝日啤酒、住友化学和伊藤忠商事三家公司合资，在山东莱阳租种1500亩地种粮养牛。日企不施农药化肥，主打无害产品。因为不采用化学手段，他们田地的产量仅为当地人所种田地的一半，5年来一直处于亏损状态，但日企负责人仍对前景表示乐观，称中国食品安全问题为他们让出了市场。

日商所称的市场让位和提供替代能否成为现实，现在还不宜下结论，但这种可能性不能不引起注意。三聚氰胺事件后，国产奶的市场急剧萎缩，进口奶则大受欢迎。据中商流通生产力促进中心的分析，三聚氰胺事件导致进口品牌占领一线、二线城市80%的份额。时隔几年，本土消费者心中的阴影并未消除，《广州日报》曾报道，近来洋奶粉普遍涨价一成，可很多消费者仍不愿买国产奶粉。

也许，在大多数消费者看来，食品最重要的是质量和安全性，至于谁生产的，已经不那么重要。近年中国与其他国家发生几次摩擦，都有人扯起“爱国”大旗，鼓吹抵制购买“敌国”厂商提供的产品和服务，但抵制日货、抵制家乐福并没有起到什么大作用。随着全球经济一体化，市场买卖行为和意识形态、民族情绪等越走越远。要想在市场中取胜，唯有生产质优价廉的产品。

我国食品安全问题频发，已在很大程度上伤害了本土消费者。如果这种势头得不到扼制，那真是给了国外企业大举占领中国市场的机会。很多跨国企业四处寻找商机，他们对中国巨大的市场正虎视眈眈。

日商公开表示中国食品安全问题给了他们机会，相信国人会受震动的，但要让国内所有市场主体一下子全自省自律起来，不容易做到。我国食品出现这么多问题，很多时候并不是企业不知道后果，而是人人都知道造假制劣会搞乱市场，最终会影响到自己的生意，但谁都只顾自己捞一把再说，反正后果不是一个人承担，如果他人这样做而自己不做，别人得了好处自己到头来也要受其害，不如自己也“随波逐流”。

作为市场主体，可自取其咎，但真正的市场都拱手让人了，他们却不能自己全承担后果，真正承担后果的还是我们的政府。虽然市场竞争不是政府的事，但是政府却不能不承担起保护国民的责任。

如果我国很多农产品都由外国企业来提供，第一个后果是国内很多农产品生产者可能失业。尽管我们的城市化进程很快，但毕竟农村不少人的收入，还靠农业生产来获取。现在建设新农村，很大程度上还是要靠发展农业。一旦本土农业萧条，农民生活困难，政府就会承受重压。

我国消费者还可能承受高消费。跨国公司处心积虑，承受那么多年的亏损，他们是要挽回的，而且还要追求高回报。一旦他们掌握了定价权，本土消费者无还价能力，政府的调控也难起作用。届时，本土消费者将别无选择。

所以，我们的政府应该提高警惕、采取得力措施，确保中国市场还是中国人说了算。对跨国公司由“销售商”变身“农场主”，有国内专家表现出了担忧，提出政府要加强管理，维护国内农业产业安全和农民利益。但维护农业安全和农民利益的出路，还在于加强监管，改变食品安全现状，树立起消费者对国产食品的信心。如果内外品牌影响的差距太大，政府可能也不好办。

日企产品的销量正以每月20%的速度递增，他们日益接近自己的设想。我们是该下决心，彻底医治食品安全问题了。

（原载《中国青年报》2011年7月13日）

摄像机拍不出与会者为何睡觉

[看到了多起领导怒斥会场瞌睡者的事件，也看到了对付瞌睡者的众多好办法。但是整肃会议过多过滥的个案，还很少见到，相比起来，也许公众更希望看到这样的新闻。]

2011年江苏省滨海县举行约800人参加的大会，进行到一半时，会场上有人睡着了，有拿着材料打盹的，有趴在前排座椅背上进入梦乡的，睡姿东倒西歪。县委书记悄悄安排电视台记者用摄像机把这些开会睡觉者的形象一一拍下并当场播放，让不少被“抓住”的人十分尴尬。

上述做法并非独创，有的地方甚至还把开会睡觉者的“丑态”放到电视节目中公开。可是，与会者为什么会大面积睡觉呢？滨海县委书记王斌说，这些睡觉的人可能是夜晚加班工作的，实在是太困了。王斌也只是估计，实际情况需有调查结果为证。从不少地方政府会议都用摄像机对付睡觉者的现象来看，开会睡觉是经常发生的事。

会议内容如果和与会者关系重大，那与会者是很难睡着的。正因为会议内容对很多与会者来说，可听可不听，才让人昏昏欲睡。在有些地方，会议过多已成为“公害”，大事小事开会，有事没事开会，领导干部的主要工作成了开会，绝大多数时间都泡在会上。这一点，就是干部内部，也有很多怨言。很多事情，原本是不用开会的，发一个文件，打一打电话，什么精神、指示、要求都可以有效传递。

会议过多，自然也就滥了。有些会议，无非就是将已下发的文件重念一下，将已见报的内容重读一遍；有些会议，报告者、发言者都老生常谈，空话、套话连篇；也有些会议，就是一个形式，所涉及的决策都在幕后，会上无非是走走过场。这样的会议，不但让人想睡觉，还催眠似的催人睡觉，就是强打起精神不睡，也只是强忍煎熬活受罪，哪有什么开会的意义。

无用会议过多，主要原因还在领导。有些领导就是喜欢开会，甚至有“管理就是开会”的论调。一些领导过于相信会议的作用，认为不开会就是不重视工作，不开会就动员部署不了工作，解决不了问题；也有些领导，独断专权的同时还喜欢搞一下民主的形式，让自己的意志披上“大家意思”的外衣，自然少不了开会；不排除有些开会，就是取代实际工作，逢上级有要求或部署就开会，表示重视并开展了工作。

对于这些现象，有什么办法对付吗？开会者睡觉，是对领导的不尊重，领导可以很生气，可以命令记者让睡觉者出洋相。可对于无用会议过多，谁会下命令把镜头对准一下，显一显其中的原因呢？显然很难。没有人下命令，也没有多少人敢将摄像机镜头这样用，那些被“出丑”的瞌睡者，也不会承认是会议让他们睡觉，只会表示自己要改正错误。

会上瞌睡，会风需要整顿。但整顿会风，不能只惩罚瞌睡者。参会者不睡觉，装聚精会神状，会场表面上好看，但实际上没有意义。真正的好会风，是求真务实，是高效率解决问题。会议多且无用，不但让与会者痛苦，让众多人不务正事，也枉费会议支出，糟蹋纳税人的钱。

至今，看到了多起领导怒斥会场瞌睡者的事件，也看到了对付瞌睡者的众多好办法。但是整肃会议过多过滥的个案，还很少见到，相比起来，也许公众更希望看到这样的新闻。

（原载《中国青年报》2011年8月12日）

Part7

信任危机撕裂社会

“超载致桥塌”让人恐慌

[超载如此可怕，但有些地方的职能部门好像对危险并不怎么放在心上。不是吗？在不少地方，治理超载成了一种执法经济，成了一些部门预算外资金或者“小金库”的重要财源。超载泛滥，而我们的桥梁又是那么不抗“超”，留给公众的就只有心慌恐惧。]

2012年9月，哈尔滨市召开通报会，认定8月24日造成3人死亡5人受伤的塌桥事故，完全是车辆严重超载所致。但这一事故定性，很多网民和媒体并不能接受，针对桥梁结构设计、施工质量是不是无懈可击等问题，提出了质疑。

既然调查结果已经定性，公众质疑估计也改变不了什么。事故责任还得按调查报告确定，直接责任人为肇事车辆相关人员（通报称将通过司法程序处理），间接责任人为存在“执法疏漏”的交通管理人员。直接责任人自然要承担很大的法律责任，自己的死伤以及经济损失，当是“自食其果”。而间接责任人，调查报告已说了是“疏漏”，对这类管理责任处罚时严厉不到哪里去，可以预见，他们能受的责罚很有限。

超载还是质量问题，责任划分有很大的差别。但公众质疑

“超载说”，并不是说他们非要把责任往某些人身上引，而是出于对安全的关切。换句话说，民众对塌桥问题如此上心，是出于对不安全的恐惧。试想，如果民众不敢过桥，或者过桥时胆战心惊如履薄冰，那是什么样的心情？

塌桥事故严重伤害民众的安全感。无论是桥梁质量存在问题还是超载让桥不堪承受，都会让人心存忧虑，但后者对人造成的心理压力更大。这不但因为超载的发生就如家常便饭般平常，也因为相关部门对超载危害的控制形同虚设。

根据2011年全国治理车辆超限超载工作电视电话会议的数据，目前全国干线公路货车超限率为10％左右（严重时在70％以上）。全国有多少货车，无疑是个庞大数字，多少车在超载，自然也就惊人。每天这么多超载加在桥梁身上，随时可能让桥垮掉，那广泛分布于各地的桥，不就成了随时可能爆炸的“炸弹”？面对这些或悬于头上或埋于脚下的“炸弹”，老百姓不能不心生恐惧。

超载危害多，这是常识。但以前人们对超载危害的认识，多在行车安全上，如今多起桥梁垮塌事故，让人“真切”地感受到了超载的另一种危险。超载如此可怕，但有些地方的职能部门好像对危险并不怎么放在心上。不是吗？在不少地方，治理超载成了一种执法经济，成了一些部门预算外资金或者“小金库”的重要财源。就在几天前，媒体报道了河南郑州的“超载月票”怪象：一辆四轴货车交费1200元后即可保证一个月超载免交罚款。这种“创举”，让罚款赤裸裸地成了收钱，而治理超载，也赤裸裸地成了创收，哪里能见到对超载危害的半点防范心理。

如果说，超载真是那么可怕，对超载就不能罚款了事，消除超载的危险必须消除超载的事实，罚款以后放行，不等于让其去“压垮桥梁”吗？可是，罚款成了各地治理超载的不二法门，而且多是罚款了事。哈尔滨塌桥事故也是如此，调查结果通报说，“吉林省德惠市公路管理段对2—4号车进行了处罚，没有按规定采取卸载措施”。罚款了事如此大行其道，而且有些执法者还有意纵容超载，保护桥梁不垮塌也就没什么屏障了。

超载泛滥，而我们的桥梁又是那么不抗“超”，留给公众的就只有心慌恐惧。要消除这种恐惧，要么有效治理超载，要么把桥梁修得更结实些。相对来说，还是后者更容易做到。毕竟，超载者的侥幸心理难以根除，面对那么多的超载者也难以织起没有漏洞的防范网，加上超载治理留下的权力寻租空间是一个难去的体制之“瘤”，治超载很难短期见效。而让桥梁更结实些，似乎并不是高不可攀的目标，毕竟，抗“超”的桥梁不是没有。一个经常被人提及的例子是，茅以升主持修建的钱塘江大桥，设计荷重15吨，60吨的汽车也可通行，设计寿命50年，可时间过去75年了，至今屹立不倒。

把桥都压垮了，超载“罪不可赦”。但可以预见，这一重罪在身，并不会让超载现象在短时间得到改变。超载之重，看来还只能由桥梁自己承受——把桥梁建得更牢固些。

（原载《中国青年报》2012年9月25日）

老百姓对“不平等”的敏感很正常

[对于企业老总，有关部门的理解重点和老百姓的理解重点是不一样的。有关部门看重的是他们在保证企业正常生产经营、促进经济增长方面的作用；而老百姓一般是把他们看作腰缠万贯、在政治和社会地位上突出的一类人。]

广东省检察院公布了帮助企业解困、促进企业发展的“十条意见”，其中规定：查办企业经营管理者和关键岗位工作人员的职务犯罪案件，检察机关要及时与主管部门或企业领导沟通，慎重选择办案时机，犯罪情节轻微的，酌情暂缓办理；对企业法定代表人、生产经营负责人和技术业务骨干，涉嫌一般犯罪的，在确保刑事诉讼顺利进行的前提下，可不采用拘留、逮捕等措施。

媒体以“老总涉嫌一般犯罪可不拘捕”的标题报道这一事件后，引起舆论极大的关注。网上评论非常热闹，绝大多数都认为是给老总特权，是法律适用上不平等。

也有人指出，很多网民是误读了这一举措。因为措施明确说明，不采用拘留、逮捕等措施，针对的是一般犯罪。刑事强制措施有拘传、拘留、逮捕、取保候审、监视居住五种。针对一些暴力犯罪及犯罪嫌疑人很难控制的情况，采用刑拘和逮捕这种限制人身自由较严厉的措施；对非暴力犯罪（即所谓的一般犯罪），不是流窜作案，不是惯犯累犯的能保证之后的诉讼审判程序正常进行的，都可不采取拘留、逮捕措施。这些，法律都做了明文规定，所以，检察院这次突出强调，并不违反法律规定。

网民对广东省检察院“意见”的强烈情绪，反映了他们对法律面前不平等的非常敏感。

首先，这一规定的适用对象是“企业老总”。对于企业老总，有关部门的理解重点和老百姓的理解重点是不一样的。有关部门看重的是他们在保证企业正常生产经营、促进经济增长方面的作用；而老百姓一般是把他们看作腰缠万贯、在政治和社会地位上突出的一类人。所以，对企业老总们在法律上适用上的突出，很容易被理解是保护有钱人，给他们特权。

其次，以前确实出现过给富商特权的事情，老百姓形成了这种恶劣的印象。比如有的地方牺牲法律的尊严，给一些商人以法外特权——一个正在接受司法审查的犯罪嫌疑人，竟被安庆市太湖县政府取保候审，请到了工程奠基仪式的主席台上，与市县主要领导把酒共欢。某市为招商引资，给一些商人发“荣誉市民”证，让他们享受“超国民待遇”：交通违规不受处罚、娱乐场所消费不能查。某市给50强企业发了小轿车特别车牌和特别通行证，这些牌号的轿车可以免查进入市委、市政府及市内党政机关，还享有多项免费特权和违规豁免特权。有的地方在税收、经营方式等各方面给予便利，地价近于“零成本”，还把“人大代表”“政协委员”当成“护身符”，送给投资商。正是有了这样众多的先例，人们才对商人所受到的“特殊”待遇非常反感。

事实上，广东省检察院的此项规定，的确易引起人的不公平感。对于何种情形适用何种强制措施，法律有了明确的规定，作为司法机关，应严格执行。就算是时下保经济增长有特殊意义，就算是检察机关此举在自己的职权范围内，但是将对企业老总的执法作为一种独特情形单列出来，容易让人想到是为了发展经济，法律可以让步，容易想到法律适用对象上的不平等。

老百姓痛恨特权，看重平等，过去如此，现在如此，以后仍将如此。而法律适用上的平等，又是一种最底线的平等要求，所以广东省检察院的“意见”遭普遍反对，其实不难理解。

（原载《中国青年报》2009年1月8日）

宽容的前提是和谐

[京沪高铁发生问题后，有很多声音像嘲笑，像幸灾乐祸。这很让人称奇，一个重大运输工程为何让那么多人敌视？不妨看看高铁和老百姓之间到底发生了什么。]

京沪高铁三天两停，质疑声随之响起。也有人呼吁，京沪高铁开通不过短短10来天，还是“新生儿”，应该给它多一些耐心和关爱，多点宽容、少点质疑。

都知道宽容发生在什么条件下。如果双方关系融洽，任一方对对方的缺点和不足，就容易接受，容易包容，会有足够的善意帮助对方克服缺点，改进不足。相反，如果双方处于敌对状态，一方的小小失误，都会被对方抓住把柄，或嘲讽，或恶意宣扬，甚者还会当作报复打击的机会。

宽容，需要建立在和谐关系的基础上。而关系和谐，又需要双方尊重对方的权利和利益。如果一方是公共服务部门，那就必须为公众提供质优价廉的服务，想公众所想，准确地满足公众所需，这样才会赢得公众的支持和拥护，双方的和谐才能建立。

确实，京沪高铁发生问题后，有很多声音像嘲笑，像幸灾乐祸。这很让人称奇，一个重大运输工程为何让那么多人敌视？不妨看看高铁和老百姓之间到底发生了什么。

不容否定，高铁是个好东西，高铁的快捷大大提高了流通效率。但好东西伴随的是高消费价格，并非人人接受得了。在全国两会上，就有政协委员批评高铁票价太高，让高铁成了贵族专列。

很多常在铁路上往返的人，收入并不高。比如农民工，某年春节前，珠三角返乡农民工组成“10万摩托车返乡大军”，那么多人选择风吹雨打的交通方式，一个重要原因是火车票价对他们来说太贵。普通客车的票价农民工都嫌贵，更别说高铁了。事实上，高铁的价格，不只是农民工，很多城市市民消费也较吃力。前几天有媒体报道，京沪高铁开通后，京沪间的T字头特快只剩一趟，不提前10天，根本买不到车票。如此难买，是因为硬座票价才179元，比高铁二等座票价低了近400元。便宜车票抢手，还是因为老百姓消费能力有限，有钱谁不愿买舒适？

好东西普通老百姓享受不到，还不是最大的问题，问题是坐不起高铁的人要有其他选择。可恰恰是高铁出现后，普通客车大大减少。比如，京沪间的T字头特快只剩一根“独苗”。之前，武广高铁开通后，武昌、长沙、韶关等地始发至广州的13对普通列车停运。这种做法，被普遍解读为“逼公众高价坐高铁”。消费不起条件优越的高铁，又没有太多其他选择，老百姓能高兴吗？于是乎，高铁变成很多人心目中的敌人。这时，叫他们爱护，叫他们宽容，无异于痴人说梦。

满足经济发展需要，提升铁路运输水平，绝大多数人不会排斥。但这样做一定要考虑消费需求，要以为公众服务好为出发点。建不建高铁，建多少高铁，一定得是社会需求的结果，高铁只能针对有需要且消费得起的人群，规模和建设时机一定要以有效需求为依据。满足这类人群的同时，要充分考虑其他消费层次的人，一定要为他们提供适当的服务。铁路运输作为公共服务，只有让公众满意，才算尽到了职责；如果公众不满意，服务档次再高，条件再好，又有什么意义呢？

（原载《中国青年报》2011年7月15日）

阻止私彩蔓延之路在于公彩自强

[政府严厉打击，媒体大力宣传，然而地下六合彩依然繁荣。这些私彩的生命力如此之强，不能不让我们冷静思考。]

海南琼海市私彩买卖现象严重，大街上私彩买卖非常热闹。可同在彩票一条街上，卖国家体育彩票和福利彩票的摊点却很冷清，为了招揽生意，一些正规卖国家彩票的摊点，也卖起了私彩。

私彩之泛滥，已成为共知的事实。“海南人哪里有不会买彩票的，都会买彩票，大大小小的都买”，这是央视镜头里知情人的描述。据媒体报道，地下六合彩目前已经蔓延到了广东、福建、海南等20多个省、市、自治区，《小康》杂志里的一篇文章曾惊呼：“地下六合彩挑战中国，覆盖人口超过7亿。”

私彩之泛滥，给社会造成极大的危害，用一场灾难来形容，一点不为过。据调查，2003年广东省29个县的农户购买地下六合彩的资金高达33.2亿元，流失金额为13.3亿元；2004

年，浙江省泰顺县老百姓因买地下六合彩，在信用社的存款减少了3000多万元；2004年12月末，中国人民银行湖南汨罗市支行对全市存款增减情况进行了调查，发现仅12月份，全市各项存款总数下降9767万元，同比下降9024万元；江西省修水县2004年1月到10月，居民的银行储蓄存款比2003年同期减少了6206万元。资金的流失，严重削弱了地方经济发展的能力。

国家对地下六合彩严厉打击，然而现实面前，我们不能不承认，效果非常有限。海南省政府为加大对私彩的打击力度，相关领导还立下军令状，表示将在全省展开打击私彩的专项行动，可是私彩买卖竟然是公开进行；一些部门不但不进行严厉打击，反而还从中获利，为私彩提供保护。海南省的情况并不是特例，同样的情况在很多地方都存在。

政府严厉打击，媒体大力宣传，然而地下六合彩依然繁荣。这些私彩的生命力如此之强，不能不让我们冷静思考。实事求是地说，私彩之所以难打，除了老百姓文化素质有待提高、法制仍然不健全外，私彩本身的特点是一个重要的原因。私彩相对于公彩，有两个明显的特点：一是信誉好；二是中奖率高。在被严厉打击后，私彩只能偷偷地进行，买家买什么号，只要通过电话报给庄家。按理，这种交易方式是极没有保障的，因为电话报单，没有任何依据，然而，这种交易却能顺利进行，如果买主中了奖，庄家及时将奖金送上门。私彩的中奖率也比公彩高得多，在央视的节目里，福利彩票销售人员也不得不承认这一点。

相对来说，我们的公彩却出了不少丑闻。西安市举办的7次即开型体彩，前6次抽奖中共有2600多万元奖金被兑付，却没有任何兑奖人的资料，唯一找到的一份2000年11月的中奖公证书，竟然被查明是假的。

公彩在我们国家的出现，说明我们承认博彩业的存在，只不过博彩只能由政府来从事，只能为了公益事业。然而公彩和私彩，在游戏规则上具有同构性，极易被老百姓看作同一种商业盈利活动，如果公彩再出现欺骗行为，那么其公益的形象就会完全丧失，合法性就得不到支撑，老百姓就更会将其和私彩同样看待。于是，谁的中奖率高，谁的信誉好，就买谁的了。于是，就会出现公彩门前冷落而私彩热闹非凡的情况，公彩在私彩面前成了完完全全的弱者，在博彩市场节节败退。

私彩吸收了老百姓的大量资金，造成大量资金流失，既影响老百姓的生活，也影响地方经济发展。所以，阻止私彩进一步蔓延，显得非常迫切。但是，光靠打击不行，事实证明，打击效果不明显。要从根本上解决问题，笔者认为，还是要从疏导上下功夫，最直接的做法是以公彩来击退私彩，占领博彩市场。

要让公彩击退私彩，就必须增强公彩吸引力。而要做到这一点，就必须加大公彩回报率，增加公彩信誉，树立公彩形象，这些可称作是公彩的自强之路。如果公彩在这些方面超出私彩，就必然会战胜私彩，因为公彩毕竟是为了公益事业，是取之于民，用之于民，而且公彩有国家后盾做保障，这些都是私彩所不能具备的先天优势。

当公彩占据了主动，将老百姓都争取过来，我们不但无需担心私彩给社会带来这样或那样的危害，而且无需花那么大的成本来对私彩围追堵截，浪费人力物力却又没有实际效果。

（原载《中国保险报》2006年10月13日）

让每个人都能查阅慈善账目

［不公开，失去民众信任，也就失去了自愿捐款的来源，于是，一些慈善组织只好走歪道。比如，借助行政权力搞强捐，给各单位下指标，各单位或是搞捐款排名，或是让不捐者亮相以施以压力，有些单位干脆从员工工资里强扣。］

民间公益项目“免费午餐”短短5个多月募集善款1690余万元，为77所学校1万多个孩子提供了免费午餐。项目发起人称，他们赢在透明，严格执行“不透明不拨款”原则，让该项目获得了公信力。

2011年，一系列慈善丑闻被爆出，让国内慈善组织受到不同程度的冲击，有报道说，慈善组织获得的捐款大幅下降。然而，“免费午餐”项目却获得了快速发展，这为剖析中国慈善、探寻慈善发展之路提供了积极样本。“免费午餐”为做到支出透明，借助了微博等载体，每个受捐助的学校必须开微博，校长每天要通过微博说清楚每笔钱是怎么花的，每个学校的微博内容，都通过项目管理者转发并公之于所有网民。该项目还通过家长、志愿者等进行监督。

应该说，至少在这5个多月里，“免费午餐”通过彻底公开的方式，让善款用途得到了有效监控。每一天每一笔钱及时公开，让善款去向有据可查；家长举报，让每项支出的真实性和效果有监督；而志愿者参与，又弥补了利益不相关者不参与监督和家长不敢监督造成的主体空缺漏洞。正是这样的主动接受监督，奠定了“免费午餐”快速发展的基础。

在慈善事业发达的国家，慈善组织主动公开、彻底公开，甚至请人监督，其实是共同特征。在美、英等国，慈善组织不但要接受来自官方、行业的严密监控，甚至每个公民都可以去慈善机构查阅账目，有权获得慈善组织的年度账目和财务报告，很多基金会还会自己聘任第三方审计机构来对其每年的财务状况进行审计。

然而，时下中国慈善透明度不高的事实，从官方到民间，都不否认。据媒体报道，截至2010年年底，在全国2000多家基金会中，只有700多家建立了自己的网站，已有的网站上，信息公开也很不充分。而有的基金会年报里，什么都有，就是没有支出。而上海静安区公寓大火的受灾者想知道善款使用情况，不得不委托律师向上海市政府申请公开……

可以说，在慈善事业发达的地方，公开信息、让人监督，已不是社会的要求，而是慈善组织自身的要求。有了这种意识，自然更有可能把善款用好。一般来说，不愿接受监督，多半自己没有公开的自信，在众目睽睽下，再细小的问题也躲不过去。比如上海静安大火捐款去向在舆论压力下，终于与公众见面了，但公众提出了新的质疑，比如，当地政府在对受灾户进行赔偿时，几乎没有支出，用的全是社会捐款。至于那些存在挪用、滥用慈善物资，将善款善物用于中饱私囊等弊端的慈善组织，当然更不肯公开信息了。

不公开，失去民众信任，也就失去了自愿捐款的来源，于是，一些慈善组织只好走歪道。比如，借助行政权力搞强捐，给各单位下指标，各单位或是搞捐款排名，或是让不捐者亮相以施加压力，有些单位干脆从员工工资里强扣。再比如，利用优惠政策搞交易，虚开发票。还有“创新”筹款方式，利用基金放贷，用高额利息当捐款。通过这些歪道，一些慈善组织或许可以获得不错的业绩，但这类方式，影响的是民众对慈善的态度。民众对慈善失去热情，慈善事业的发展就失去根基了。

“免费午餐”项目践行的，是慈善发展的正道，在这条轨道上发展，慈善事业才经得起风雨，才会根深叶茂。

（原载2011年9月27日《中国青年报》）

判杨彦明死刑能消除一种反腐误会

[传言说，那些东窗事发的贪腐者，要想获得轻的制裁，“不乱说”可让自己争取到机会。所谓“不乱说”，就是不要揭发他人，特别是那些身居高位的人。]

“证券界死刑第一人”杨彦明没躲过死刑终审判决。此前，杨一直拒不交代6500万元巨款的下落。北京市高级人民法院认为，根据现有证据能够认定杨彦明具有非法将公款据为己有的故意和行为，虽然其拒不交代赃款去向，但不影响对其行为的认定。法院对杨做出了决定执行死刑、剥夺政治权利终身并处没收个人全部财产的刑事判决。

前银河证券营业部总经理杨彦明，从1998年6月至2003年8月期间，涉嫌贪污了6500多万元。但从2004年案发至今，虽然经历多次审判，但杨彦明一直铁嘴钢牙，拒不交代巨款的下落。调查表明，杨既没把钱往家里拿，更没有赌博或者包养情人之类的开销，也从来没有把任何资金转移到境外，这些事实都把人的猜测向一个方向集中——行贿。在某次庭审中，杨本人也曾爆出贪污的部分款项已用来行贿。可杨彦明拒不交代贿赂的对象。于是坊间猜疑就产生了：巨款可能贿赂了一些重量级的人物，杨不牵出这些人，因为他坚信，不“惹”这些人，他免灾的机会更大。

这种猜疑产生于坊间盛传的一个传言基础上。传言说，那些东窗事发的贪腐者，要想获得轻的制裁，“不乱说”可让自己争取到机会。所谓“不乱说”，就是不要揭发他人，特别是那些身居高位的人。不揭发这些人，他们既有理由也有能量保护你，自己或许还有机会；如果把幕后人供出来，不但可能影响不了他们，反而让他们痛恨自己，想方设法置你于死地。甚至还有传言，那些被判处死刑的贪官，就是因为揭发的热情太高，伤害了一些人。有一句顺口溜这样说：“坦白从宽，牢底坐穿。抗拒从严，回家过年。”杨彦明曾交代过行贿，但是他在进一步交代中欲言又止，他的难言之隐，的确很让人生疑。

笔者情愿相信，这是一种误会。虽然我国的法治水平有待提高，但对贪腐官员的处理怎么可能如此随意？如果坦白、揭发这类极有利于反腐工作的作为得不到鼓励，无疑是在为反腐增加阻力，反腐还怎么进行？

但这种误会的确存在，其对法治建设的不利影响显而易见。首先，影响老百姓对依法治国和倡廉反腐的信心，影响老百姓对官场生态、法治秩序的判断，也影响司法机构的权威；其次，那些被查处中的贪腐者，一旦坚信这一点，就会死扛，拒不交代涉案的其他人员，不利于反腐案件的调查推进。消除这一误会，显得非常迫切。而对这一误会的消除，必须有实实在在的案例，让人们看到，“坦白从宽，抗拒从严”。那些揭发有功的犯罪者，要真正能获得罪罚减免；而那些死扛的贪腐者，只要证据确凿，都会得到严惩。

杨彦明案从发案至今已有5年时间，可谓历尽波折，经历了一审、二审后，又被发回重审。有观点认为，为了有机会揪出隐藏在幕后的人，最好不判处杨彦明死刑，毕竟抓出那些幕后人具有更大的经济和社会意义。但检察机关说：“如果不严惩犯罪者，那么就会向社会传递一种错误信号，即认为只要不说就可以‘免灾’。”检察机关的这种判断是非常重要的，如果不给犯人严惩，不但会让社会觉得“赖”可以不死，更重要的，会让人猜疑是有人在保护犯人。这对我们的反腐和法治建设，伤害很大。

（原载《中国青年报》2009年4月23日）

别让“闹大才有人管”成常态

[如果老百姓通过正当的渠道反映问题、表明诉求，却总是得不到理睬，或者说是解决问题的效率极低而老百姓付出的成本又极高，让老百姓失去对正常渠道的信任，那么，老百姓就只能寻求极端的方式。]

重庆出租车全面恢复正常运营，罢工的群体事件渐渐平息。对于这起事件发生的原因，重庆市政府新闻发言人表示，有天然气加气困难、黑车营运以及其他一些因素，但主要原因是有的出租汽车公司对出租车驾驶员所收的份儿钱每天增加了50元至70元，由此使驾驶员的收入全年将减少2万元以上，从而加重了出租车驾驶员的生活负担，增添了他们的生活困难。

出租车恢复运营，与他们的问题得到解决分不开。重庆市政府已责成各出租汽车公司将份儿钱降回到去年的水平。有关部门解决问题的速度还是很快的。但是有一点让人不明白：既然提高的份儿钱被取消，说明其是不合理的，政府能在这么短的时间内解决问题，也说明问题并不是很难解决。那么，为什么出租车司机的困难在罢工之前没有得到解决？用重庆市政府新闻发言人的话说，增加份儿钱“增添了司机的生活困难”，那么，司机不可能没向有关部门反映过，为什么他们的反映得不到重视呢？

老百姓通过正常渠道反映问题，往往得不到重视；一旦矛盾积累，引起民愤，问题才能得到解决——这在时下，似乎是一种司空见惯的事。浙江瑞安教师戴海静坠楼死亡后，几位学生在现场发现了诸多疑点，当即致电温州公安，得到的回复是：现在是午休，两点半上班后再打来；学生致电瑞安警方，得到的回复是：需要向上级汇报；学生们致电温州各条媒体热线，但只要开口提到戴海静死亡一事，对方立刻挂断电话，原来这一消息被官方封锁三天——因为民愤，才造成影响极大的“瑞安群体事件”。海南文昌市锦山镇派出所所长黄萌，对骑无证摩托车的农民一天罚款三四次，以此聚敛钱财，以自己孩子名义的存款达1800万元。由于问题长期得不到解决，致民怨沸腾，最终酿成举国震惊的冲击派出所事件，这个腰缠万贯的所长才得以暴露。

近年来，群体性事件有增多趋势。据2005年中国《社会蓝皮书》的数据，近年全国频繁发生上访、集会、请愿、游行、示威、罢工等群体性事件，数量多、人数多、规模大，从1993年到2003年间，我国群体性事件数量已由1万起增加到6万起，参与人数也由约73万人增加到约307万人。另据有关部门的数据，2006年群体事件超过9万起，并一直保持上升势头。而群体事件频发，一个重要的原因，就是老百姓遇到的问题和困难长期得不到有效解决，使小矛盾酿成大矛盾。在瓮安事件的教训中，贵州省委书记石宗源就总结：发生这件事，是因为长期积累的矛盾，没得到及时处理。

通过群体性事件，甚至是打、砸、烧的方式，引起重视，从而最终解决问题，这本是一种反常的解决问题的方式。但是，如果老百姓通过正当的渠道反映问题、表明诉求，却总是得不到理睬，或者说是解决问题的效率极低而老百姓付出的成本又极高，让老百姓失去对正常渠道的信任，那么，老百姓就只能寻求极端的方式，而事实证明，这种方式又极为快捷有效。久之，老百姓就认为，只有把事情闹大，才会解决问题，并且形成对这种途径的依赖。于是乎，通过把事情闹大来解决问题，就成为一种非常普遍的现象，也就是说从反常走向了正常。

但是，这种后果是非常可怕的。我们设立了那么多机构，设置了那么多解决问题的程序，却不能解决问题，导致老百姓不选择这些程序，这些程序就可能虚设。这样的话，一方面，导致社会资源浪费，让社会徒费成本；另一方面，这些机构和程序存在的正当性将会受到影响。

群体性事件的破坏力是很大的，不光是造成经济损失，对社会秩序、人们的思想信念，都会造成很大的影响。更重要的，当群体事件此起彼伏地发生时，政府的治理能力和治理方式将会受到拷问，政府的合法性也将受到极大伤害。

（原载《中国青年报》2008年11月7日）

Part8

用法治织就笼子

城市拆迁只能由法治主导

[如果没有好的法治环境，没有及时有效的权利救济渠道，任何强势者都容易侵害弱势者。商人有逐利的贪婪本性，有权者也有滥用权力的天性，关键在于是否存在有效的约束。]

随着《城市拆迁条例》的拟定，目前开发商主导拆迁过程的旧模式将变更为政府主导模式。以往，政府决定开发后往往交由开发商实施具体拆迁行为，开发商的效率可能高一些，但部分开发商为了追求经济利益，往往会做出一些不恰当的行为，甚至是野蛮拆迁，严重损害了老百姓的利益。

很多暴力拆迁、打伤打死人的事件，确是开发商做出来的。但是，暴力拆迁的出现，症结是不是在于开发商呢？换句话说，把政府换成拆迁实施主体，是否就是解决问题的关键呢？

公众应该不会忘记当年湖南嘉禾的暴力拆迁事件。“谁不顾嘉禾的面子，谁就被摘帽子；谁工作通不开面子，谁就要换位子；谁影响嘉禾发展一阵子，我就影响他一辈子”的口号以及“四包两停”的株连九族政策，不是出自县委、县政府之手吗？公众应该也还记得前不久发生的江西丰城暴力拆迁，老百姓被无辜拘留，有人被株连停职，有人被威胁停发工资，不也是市委、市政府的“杰作”吗？

很多事件表明，一些政府比开发商更有暴力拆迁的利益冲动。有些拆迁明明是商业项目，但政府却在那里冲锋陷阵。招商引资的急切，改善城市形象的躁动，以及个人利益的驱使，使很多政府官员在城市拆迁中表现很不理性，行为也脱离正常轨道：越界行使权力，践踏百姓权利，甚至说出许多蛮横的话。比如，山东省菏泽市一商品房项目因房屋补偿价格过低，遭到抵制，菏泽房管局粗暴拆迁，致被拆迁户李民生在家上吊自杀，听到死讯后，拆迁指挥部的一个领导竟当众说道：“哪个地方拆迁不死几个人啊？”事实上，有很多开发商制造的暴力拆迁，背后也有权力保护伞。

不是说政府比开发商“人性更恶”。如果没有好的法治环境，没有及时有效的权利救济渠道，任何强势者都容易侵害弱势者。商人有逐利的贪婪本性，有权者也有滥用权力的天性，关键在于是否存在有效的约束。如果失去有效的约束，政府可能比商人更容易伤害人，因为政府是最强大的组织，手中掌握有合法的暴力使用权，个人和其他任何组织都没法与其抗衡。

要改变这种状况，最根本的当然是改善法治环境，加强对权力的约束。但是，这需要一个过程，时下，要加强对拆迁户的保护，也许只有增强他们自身的维权能力了。比如，通过一些法律规定，让他们在拆迁博弈中多一些容易操作而又有效的手段选择。

我们知道，拆迁过程中的矛盾，基本起源于拆迁补偿的分歧。专家也表示，大量拆迁纠纷，老百姓并不反对拆迁，主要还是补偿不到位。老百姓认为补偿太低，而开发商或政府却不肯出高价，于是矛盾产生，发展下去，出现一些野蛮暴力行为。所以，解决补偿标准问题是解决暴力拆迁的起点。而补偿标准，一是要公平，二是要明确。笔者认为，要实现公正补偿，最起码要达到这样的条件：若是货币拆迁，应按拆迁地当时的市场价，按业主的原有居住面积补偿；若是回迁，应保障居民的居住条件，至少不能比现有条件差。如果说像以前一些暴力拆迁中出现的问题一样，每平方米住房的补偿标准不及拆迁地市场房价的四分之一，或是将拆迁户随意安置到城郊，没地方就医，没地方找工作，孩子没地方上学，那当然会引起拆迁户的不满。而补偿的标准，一定要具体明确详尽，在法律中明文规定，不能让人有空子钻。

只有法治才是百姓最靠得住的保护神。

（原载《中国青年报》2008年3月11日）

地方政府发债的正当性在于购买自愿

[对待地方政府借债的问题，根本还是要限制政府权力，建设法治政府。如果政府权力得不到相应的约束，无论是否允许他们合法发债，他们都可以通过权力强制性地举债，且不用承担还债压力。]

2008年一份由财政部牵头起草的有关加强地方政府债务管理的方案，提交国务院审批。并且，财政部数月前已在其预算司下新设了地方政府性债务管理处，专门负责地方政府债务的管理。这意味着，学界多年关注的开放并加强地方政府发债管理的改革思路，正在被官方采纳。之所以要允许地方政府举债，是因为尽管《预算法》规定地方政府不得发行债券，但地方政府也在通过各种方式变相借债。

不少地方政府债台高筑，这是众所周知的现象。据媒体报道，在2006年，全国乡镇政府欠债平均已达600万元以上，县级政府平均欠债为2亿元左右，地级政府平均欠债在3亿元以上，全国地、县、乡三级政府债务累积大约2.5万亿元。而地方政府债台高筑，与其政绩冲动、形象工程、攀比奢华以及监督缺位有很大关系。在我国，662个城市、两万多个建制镇中，存在“现代国际大都市”“百里长廊”之类的政绩工程的约占20%。而各地“白宫”之类的豪华楼，也屡禁不止。

正因为这些，允许地方发债招致舆论的很多质疑。但也有观点认为，地方政府发行债券是一种世界趋势，目前世界53个主要国家中，有37个允许地方政府举债。而且，中国的地方政府背负债务，很大程度上是因为中央与地方政府在财权、事权分配上的不合理，地方政府承负了更多的事权但财权却相对较小，入不敷出。允许地方政府举债，有利于调动地方政府的积极性和主动性，为地方政府提供准公共产品奠定财力基础。

在笔者看来，这些争论不明问题的关键，不在于是否允许地方政府发债，而在于债券发行是否遵循正当合理的程序，是否符合交易的公平自愿原则。我们知道，政府发行债券，要有投资人去购买，而购买者的信心来自政府的信用。而政府的偿还能力、官员的廉洁自律、官员的言而有信等，决定着政府的信用。如果政府信用好，政府的债券自然会受欢迎，政府筹资也很方便。如果政府大搞形象工程，其信用自然会受影响。这时，地方政府债券不管是合法还是不合法，都没有多大意义，投资者自然会“判其死刑”。

所以，最主要的，是要力保地方政府的债券是投资人自愿购买，防止政府利用权力，强行摊派或变相强行摊派。这种担心并不是多余的。媒体经常报道：某地方政府诱骗建筑公司垫款建办公楼，事后拒不还钱；某地政府长期赊账吃喝，吃垮酒店……这样的政府，还指望能有人买他们的债券吗？地方政府借不到债，却又要花钱，在这样的情况下，就要防止政府强行举债。这样的事情是有很多先例的——地方政府强行贷款、强行集资的事，我们还见得少吗？

对待地方政府借债的问题，根本还是要限制政府权力，建设法治政府。如果政府权力得不到相应的约束，无论是否允许他们合法发债，他们都可以通过权力强制性地举债，且不用承担还债压力。只有政府权力得到相应约束，在借债时政府只是一个平等的主体，其债券老百姓是自愿购买，其借债成功率取决于自身的信用，这时，地方政府举债就自然合理正当了。

（原载《中国青年报》2008年11月4日）

靠机构升格治顽疾是一种行政依赖症

[如果法治水平高，那么，只要是自己职权范围内的事，不论哪一级别的组织和机构，都可以对更高的机构或组织采取相关行动，人家照样得配合。]

2006年年底，国家土地督察上海局筹备小组成立，这是首个进入筹备阶段的国家土地督察局派出机构。一位不愿意透露姓名的地方国土资源局官员表示：违法用地的大多是当地政府，原来国土资源局下属的监察处级别太低，很难监督。

因为工作重要且难度大，主管该工作的行政部门便升格，这在我们国家似乎已经形成惯例。

这种现象，让笔者不由自主地联想到了莱茵河的管理。莱茵河流经瑞士、德国、法国、卢森堡、荷兰等9个欧洲国家，是沿途好几个国家的饮用水源，曾经是一个环保难题，有“欧洲下水道”“欧洲公共厕所”之称。但后来，它在莱茵河保护委员会的管理下，成为世界上管理得最好的一条河。让人意想不到的是，管理莱茵河的这个委员会，竟然是一个民间组织，从来没有制定法律的权力，到现在，委员会的工作人员也仅有12人。

一个12人的民间组织，能把跨越9个国家的河流治理得那么好；而时下，我们在针对一些经济、社会难题时，却那么依赖行政机构的级别，不能不让人深思。

也许，在我们面对一些久治不愈的社会顽症时，将主管机构的行政级别提高，的确是一条行之有效而又迫不得已的办法，但从本质上看，这是一种“行政依赖症”的表现。

此“病症”很常见：一些职能部门区分工作的重要程度时，不是看工作的现实需要程度，而是看它是什么级别的机构和领导布置的；部门之间工作协调时，如果人家级别比自己低，即便是人家职权范围内的事，也不买账，而是要更高级别的机构来推动；在上级命令与职责发生冲突时，不是按职责行事，而是严格按照上级的意图和安排去做；如果是同一级别，你那个部门做出的规定，我这个部门便不执行……

“行政依赖症”的出现，说到底是法治水平不高的表现。莱茵河保护委员会能以一个民间组织的身份将莱茵河治理得那么好，得益于莱茵河沿岸各国都是法治国家，不同的机构和组织，都严格遵循国与国之间达成的各种约定，严格遵循国家的法律法规，而不是一味地唯行政级别是从。否则的话，有谁愿意听一个民间组织“发号施令”？如果法治水平高，那么，只要是自己职权范围内的事，不论哪一级别的组织和机构，都可以对更高的机构或组织采取相关行动，人家照样得配合；如果法治水平高，只要是自己职责内的任务，无论哪个部门部署的，都得认真完成；如果法治水平高，低级别的机构和组织，也能有效地监督高级别的机构和组织。

“行政依赖症”也会反过来阻碍法治的进程。通过主管机构的升格，可以解决一些重要问题，迅速破解其中症结和制约瓶颈，但我们的头脑必须清醒，这种方式只能治标。治本之策还在于有法必依，执法必严。

（原载《中国青年报》2006年12月8日）

法治缺席，谁的权利都不安全

［因为权利保护要看权势的大小，而不是依靠法律的力量，个人权利救济的效果就表现得千差万别。权势总有大小，依托于它的权利救济能力就总会有强弱，表现出来的个人权利就有高低大小不等，法律面前人人平等也就更多地只是一句口号。］

田万昌是贵州省六盘水市前副市长、政协副主席，主抓六盘水市公检法工作多年。2009年他的女儿田小龙被时任贵州省政协常委、青利集团董事长周世立强奸，竟迟迟不见处理结果。这位维稳多年的官员也不得不举家进京上访，由于对方的活动能力太强，上访并没有取得预期结果。

就此案，有人惊叹：连副市长女儿都遭遇如此，老百姓咋办？在感叹者看来，曾任副市长、主管公检法工作多年，田万昌无疑是有权有势，可是他的女儿被侵犯后竟维权无门，太出乎人的意料。感叹实际暗含了这样的认知：在权势者和普通百姓那里，权利救济的状态有差别，权利其实是有高低的。

这样的认知，来源于现实。“5年追凶”“7年鸣冤”“8

年上访”“10年上诉”……这样的新闻比比皆是。普通百姓遇到冤屈，为讨个说法，需要费尽千辛万苦，甚至倾家荡产，偶遇“青天大老爷”，获得的“正义”或许就是个心理安慰。而个别官员和他们的子女，不说老虎屁股别人不能摸，就是他们自己罪至全民喊打，也未见得动得了他们。

权利的保护，权利的强弱，很大程度上成了权势的较量。

主管公检法的副市长，权势不能说小，田万昌今天如此“狼狈”，肯定有人归结于他已不在位。真正原因可能不在此，不是有说法，官员即使去职，能量同样不减吗？真正的原因在于，对方的权势要比他大。人家位居省政协常委，煤矿、磷矿、物流等企业多至8家，拥有的矿石资源超过4亿吨，按常理，钱场、官场都能打通，能量非一般人能及。

因为权利保护要看权势的大小，而不是依靠法律的力量，个人权利救济的效果就表现得千差万别。权势总有大小，依托于它的权利救济能力就总会有强弱，表现出来的个人权利就有高低大小不等，法律面前人人平等也就更多地只是一句口号。

但依靠权势来保护的权利，总是靠不住的。权势总会有失去的一天，有权势时没人敢“惹你”，权势失去时你就可能成为被侵犯对象；权利大小是相对的，面对权势比你小的人，你可能权利保障有力，但是，你总会面对权势比你大的人，在其面前，你的权利同样变得虚弱。

要使权利任何时候都保障有力，每个人都对自己的权利充满信心，必须靠完善的法治。法治之下，权利的力量来源于法律，因而每个人的权利都得到同样的保护，所有的侵权行为都会得到同样的依法处理。每个人的权利都平等，虽然谁都没有超越别人的荣耀感，但至少每个人都是安全的，每个人都是心安的。

而在法治缺席的时候，没有多少人能完全对自己的权利安全放心，在极其不讲法制的年代，刘少奇、彭德怀这样的国家高级领导人，权利都会被肆意侵犯，生命安全也得不到保障。所以说，没有法治，谁都可能成为被侵权的受害者。

有类似田万昌这样的经历，对法治肯定有深刻的感受；有了这样的感受，自然更渴望法治。但是，法治推进的自觉性，不能靠人人都有这样的经历后才建立起来。但愿那些有权有势又不尊重法律的人，能从中看到法治缺席的危害，多一些自制，多一些规则意识。

（原载《燕赵都市报》2011年7月8日）

“禁酒令”受推崇的社会尴尬

[要保证公职人员不违规，有效的手段还在于：让他们不敢违规，从而自己抵制各种外在不良因素；不能违规，因而没有违规手段的选择，而不是不能选择某一种违规手段。]

河南信阳“禁酒令”实施一年之际，央视记者跟随信阳市禁酒督察组，对一些单位进行突击检查。在2008年1月27日的CCTV《经济半小时》节目中，禁酒督察组可以闯进市委的会议现场，目标指向市委书记在内的市委常委；可以突击市政府，直奔市长办公室……禁酒令执行一年来，有269名公职人员因违反禁酒令受到处理。当地的百姓很高兴，因为头脑清醒的干部多了起来。

在节目中，河南信阳的“禁酒令”是受到肯定的。事实上，“禁酒令”刚出现，就得到了很多赞扬，此后有媒体一直关注其发展态势，“禁酒令”执行半年时，有媒体报道成果：为信阳节省了4300万元酒钱。

可是，我们所能看到的“禁酒令成果”，却不怎么经得起人的琢磨。

“禁酒令”节省了公款支出？“禁酒令”禁止的是工作日中午饮酒，光这一禁止范围，就能节省4300万元的招待费，于是有人自然会想，那晚上开支的招待费又会有多少？一个市的招待费规模到底有多大？官员中午不应酬喝酒，不会改到晚上进行吗？难道没有别的办法控制公款吃喝吗？

这些问题的提出是顺理成章的。只要官员没有控制公款支出的压力和自觉性，中午喝酒是很容易找到替代方式的，就如上述问题中所提出的，中午不喝晚上可以喝，即便是晚上不能喝，也可以改为其他的消费方式。事实上，要控制公款支出，只要在预算一个环节做好，问题就可以解决了。在发达国家，官员不能乱花一分钱，连政府总理招待客人时多用了一瓶酒，都要受到“是公务还是非公务”的追究，说到底，就是因为有严格的预算管理制度。而如果靠禁酒这样的手段，势必会防不胜防，有禁酒令，肯定也得有禁烟令，还得有禁饭令……还得相应有各种各样的督察组，这各类禁令所花费的人力和物力，会比公款吃喝的支出少多少？而且，又能起到什么样的作用？

“禁酒令”能提高公职人员的工作效率？不喝酒，工作起来自然效率可高些，但是，工作效率如果要靠“禁酒令”来保证，那是非常可笑的。谁都清楚，要保证工作质量，肯定不能喝酒；如果明知接下来有工作却还要喝酒，那心里肯定没拿工作当回事；如果说，心里没有了工作，就算其不喝酒，就能把工作做好？不可否认，“禁酒令”能有限度地让公职人员的工作效率有所提升，但“禁酒”只是影响了决定公职人员工作效率高低的一个环节，而导致公职人员工作效率低的原因有很多，如是否休息好、是否心理状态好等等，难道我们要一个个环节去采取措施吗？工作质量最可靠的保证，是工作人员的主动性，而主动性又来自制度上的压力，最关键的，还是要加强对公职人员的监督和约束，让制度的压力来保证他们努力工作的动力。事实上，工作质量要靠“禁酒令”来保证，已经说明，公职人员的工作主动性已经到了非常糟糕的状态。

很明显，通过“禁酒令”，无论是想控制公款消费，还是想提高公职人员工作效率，其思维方向，都是通过切断影响公职人员违规的各种外在因素，来防止公职人员违规行为的发生。如果按照这种思路，其结果必然是处处设堵，且防不胜防。而要保证公职人员不违规，有效的手段还在于：让他们不敢违规，从而自己抵制各种外在不良因素；不能违规，因而没有违规手段的选择，而不是不能选择某一种违规手段。

可这些并不是很高明的手段，却在很大范围内被视为一种创举，受到关注，受到推崇。是我们找不到从根本上解决问题的方式，还是有效方式我们不能采用，就只能采取这些零敲碎打的方式？无论怎样，都是一种社会尴尬。

（原载《南京晨报》2008年1月29日）

不成为贪官到底有多难

[贪腐案件不断被曝出，贪污受贿的钱财数目越来越大，贪腐程度越来越深，范围越来越广，不得不承认，这并非一些官员世界观有问题，拒腐能力差，而是整个官场生态有问题。]

承诺“四不”并声称已完全做到的湖南祁东县县长雷高飞，一夜之间成为新闻人物。然而，这位高调述廉的县长接受媒体采访时却表示：“抵御诱惑非常艰难，官员也是人。如果不带理念和意志做官，就很难做下去。我在大会上也说，在祁东的这段时间我敢承诺，但是我以后是否会成为贪官，不走到那一步，我也无法下结论。”

雷高飞的话太耐人寻味了。“不偷懒、不贪钱、不贪色、不整人”，正如质疑雷高飞作秀的声音所说，是公职人员的职业底线，也就是说，并不是高标准严要求；而雷高飞公开承诺及对媒体发出的“心声”，也表明他树立了做好官的理想。可是他的话却又分明让人感到，在县长任上，做好“四不”是多么艰难，他这些年都是在受煎熬，以至于以后是否还能忍受煎熬，自己没有一点信心。那么，不成为贪官到底有多难？

雷高飞说，抵御诱惑非常难。这一点也不让人怀疑。中国为官，不愁没人“求”。大到要官升官、要批资金、要承包项目，小到子女要就业、办一个营业执照，甚至领低保，都要“求官”。官位越重要权力越大，“求官”的方式越上档次，十万百万的巨额红包，高档的住房，年轻漂亮的女人……种种“好事”都会找上门来。

官路上的诱惑多且大，是因为资源总掌握在一些个人手里，很多事情都是一些个人说了算。比如，几千万甚至上亿元的工程，你说给谁做就给谁，人家能不拼命往你身上“使劲”吗？面对来自四面八方的诱惑，仅凭个人理想和定力，当然难有持久的抵抗权力。拒绝一次容易，两次、三次……你能坚如磐石？一个小的红包可以拒绝，几万、几十万、几百万，你能同样保持内心平静？

假如拿公权做交易，背有总有人盯着，一伸手就要被捉，那么，官员个人的意志和定力承受的考验会小得多，但是，这样的他律力量又相对弱小。于是，很多大权在握的官员，几乎可以随心所欲地办他们要办的事。官员受到的诱惑，说到底是不受约束的权力招来的。

不成为贪官很难，可能原因还不仅在于诱惑难抵制，有些时候，可能还会陷入不得不贪的境地。有俗话说：“贪官人缘好，人人都想保；清官自管清，个个都不亲。”如果你身处的官场小环境总体都不廉洁，为官自清完全有可能陷自身于绝境。贪官语录中有一句：“我不贪，别人会骂我是异类。别人接受好处，我不接受好处，得罪兄弟感情，同时会让更多的人疑心，是否你会去告密。”不要以为这是贪官的自辩词，集体贪腐、全员贪腐的事，并不少见。湖南耒阳市矿产品税费征收管理办公室集体贪污受贿窝案，100多名干部涉案。还有的窝案中，贪官们不仅集体贪污，还集体嫖娼。在这样的氛围中，想保持清廉，不是你想不想的事情，而是敢不敢的事情。

贪腐案件不断被曝出，贪污受贿的钱财数目越来越大，贪腐程度越来越深，范围越来越广，不得不承认，这并非一些官员世界观有问题，拒腐能力差，而是整个官场生态有问题。美国证券交易委员会2013年8月发表声明，指控美国辉瑞制药有限公司海外子公司为拓展业务而行贿，中国为重灾区。事实上，近年来，麦肯锡、朗迅、大摩、IBM、德普、家乐福等一批跨国巨头，都在中国出现了贿赂丑闻。这些商业巨头在西方国家大多能遵纪守法，坚持公平竞争，为什么到中国等一些发展中国家就不规矩呢？这当然是“入乡随俗”的结果。

有人说，中国的贪腐难治，与中国是一个人情大国有关。这恐怕是失之偏颇的。中国的贪腐问题，还得从权力制约和监督上找原因。那些跨国公司在中国的行贿行为，打击者都是他们本国的司法机构，我们也是从他们口中得知消息，而中国国内司法机构却从未披露过这些案件。从这点来看，我国在打击贪污腐败、构筑清廉环境方面，与他国还有很大差距。

（原载《中国青年报》2012年8月24日）

精神病收治的法律空白何时补上

[没有了法律的严格规定，而很多医院又唯利是图，只对付款人或送治人负责，或是唯行政命令是从，导致精神病送治乱象丛生。]

民间公益组织“精神病与社会观察”与深圳衡平机构发布《中国精神病收治制度法律分析报告》称，我国现行的精神病收治制度存在巨大缺陷：一方面，许多应当被收治的患者得不到治疗，或被家人长期禁锢，或流落街头；另一方面，大量无病或无须强制收治的人，被与之有利益冲突的人送往精神病院，被迫接受不该接受的治疗。

有病得不到治疗与没病而被强行治疗的情形相比，笔者更关注后一种情况。前一种情况虽属于政府在公共管理上的缺位，但多少有些客观原因，如资金不足、投入能力有限等；而后一种情况，则是主观恶意地迫害他人，把精神病收治当成一种打击迫害的工具，无论是公权力为之，还是自然人为之，危害都很大。

把没病的人强行当作精神病治疗，是对人权的严重侵害。

被收治的人不但失去人身自由，而且肉体和精神都要遭受深度摧残。河南漯河农民徐林东因为上访，被乡政府送进精神病院，“治疗”中被强行捆绑48次，电击54次。徐林东被关进精神病院4年后，他的家属才通过其他村民知道他的下落，被关6年后才出院。迫害性的“精神病”强制送治中，有被政府机关强送的，也有被工作单位或亲属强送的，之间涉及打击报复、图谋财产等阴谋的也不在少数。精神病收治乱象已对公民人身自由和身体健康、国家的法律尊严、社会的伦理道德等，形成强大威胁，可这样的恶行为什么没有得到扼制，反而有愈演愈烈之势？

学者认为，这种现象之所以发生，是因为法律的缺位。我国法律虽然对什么症状的人可以送治有涉及，但是对什么人可以实施送治行为、该遵循什么程序没有相应的规范。公权部门、工作单位或其他组织，有没有权力将精神病人或疑似患有精神病的人送往精神病院？是不是需要征得病人本人或亲属的同意？法律现在尚没有相关规定。没有了法律的严格规定，而很多医院又唯利是图，只对付款人或送治人负责，或是唯行政命令是从，导致精神病送治乱象丛生。

可是，这样的法律空白何时才能补上？事实表明，国际上在对精神病送治上有很多的成功经验可以借鉴。比如在法国，强制性住院分行政性强制住院和医疗性强制住院两种。前者针对那些可能危害公共秩序或他人人身安全的精神错乱者，一般由省长，紧急情况为市长、警察局长才能决定，决定需要根据接诊医院以外的一位精神病专家开出的规范的意见书，如果情况紧急，而且精神错乱者是众所周知的，可不必有医生的意见书，但在这种情况下的强制在48小时后即告失效。后者由患者的家属或是为精神病人利益而作为的人提出，医院院长根据第三人的请求做出决定。决定必须附具两份意见一致的医生证明，第一份证明必须是院外医生做出。为了避免出现不适当强制住院的情况，法国司法机构对强制住院给予了监督。各省还建立了由法官、精神病医生、知名人士和精神病人家属代表组织的成员组成的精神病住院委员会，负责审查所有住院精神病人的状况。

有完备的经验可以参考，我们国家也有庞大的法律专家学者队伍，让人困惑的是，我们连一部规范精神病送治的法律规定都迟迟出台不了！那么，到底是什么原因让这样的法律出不来，公众有权问个明白。虽有媒体不断呼吁，但法律补漏工作却迟迟不见进展，有关机构如此迟钝和冷漠，人们难免要问，公民权利到底被摆在了什么位置？

（原载《中国青年报》2010年10月12日）

维权渠道通畅，何愁食品不安全

[明明是不法行为，相关部门为什么无视法律规定和正义良知，为不法厂商提供庇护？根子还在于，老百姓的权利落不到实处，权利对权力形成不了约束。如果司法救济有力，无论是相关部门对企业的庇护，还是懒政导致的行政不作为，公民都可以提起行政诉讼，行政行为也不能乱来。]

2011年7月，全国人大常委会对食品安全法执法检查报告进行分组审议，许多常委会委员在审议中畅所欲言。“分段监管致责任推诿”“企业违法成本太低”“监管效率太差”“政府的企业立场和稳定理念有问题”……各种意见和建议，被开诚布公地表达出来。

委员们提出的建议，个个击中要害，但解决这些问题的根本路径，还在于切实建设和维护公民的维权渠道。

食品安全问题直接危害消费者的身体健康和生命安全，作为受害人，因有害食品遭受的各种损失，理应得到应有的补偿，包括充分正义所需的惩罚性赔偿。合理的补偿和赔偿，是违法者应付的成本。违法成本低导致有害食品屡治无效，已成一个共识。而违法成本低，很重要的一个方面，是对受害人的补偿不合理，补偿标准过低或者不补偿。

据媒体报道，在20世纪初，美国的食品安全问题也很多。为严厉打击不法商家，美国先后颁布了一系列法律，规定了惩罚性赔偿制度。巨额的惩罚性赔偿金，让食品生产企业在卫生安全方面如履薄冰，同时也在很大程度上鼓励受害人起诉揭露企业的违法行为，加大了对生产企业的监督。

受害人得不到充分的权利救济，与有关部门对违法企业的庇护脱不开关系。正如专家所言，一些部门或是站在食品企业立场上，或是为了稳定找种种似是而非的借口压制诉讼。一些问题奶粉的受害者为得到合理补偿，甚至到香港提出诉讼，向曾经是三鹿集团股东的公司申索赔偿。

其实，庇护行为的存在还有一层重要的原因，那就是腐败。一些官员和企业结成利益关系，不仅在企业赔偿问题上为企业“遮风避雨”，还对企业的违法生产经营进行“关照”。媒体曾报道，陕西澄城县商务局查处一批含有三腺的雨润“问题猪肉”，处理过程中，猪肉所有者生秦公司致电渭南市商务局一领导，几小时后，这批猪肉被放行，流向多个市场。另外，因为各种庇护行为的存在，一些不法厂商该负的刑事责任，也被大事化小或轻描淡写。

明明是不法行为，相关部门为什么无视法律规定和正义良知，为不法厂商提供庇护？根子还在于，老百姓的权利落不到实处，权利对权力形成不了约束。如果司法救济有力，无论是相关部门对企业的庇护，还是懒政导致的行政不作为，公民都可以提起行政诉讼，行政行为也不能乱来。

食品安全问题时有发生，社会上也掀起了食品安全的讨论热潮，各种态度、意见和建议纷纷出现，相关部门也有新的行动措施出来。其实，本是老百姓的权利保护问题，如果权利救济跟不上，其他各种努力，效果都会将大打折扣，或者说得不到持续，起不到根治的效果。

治理食品安全问题，还是只能指望司法能不受干扰，公民的权利能得到有效救济。各方要做的，是在尊重司法方面下功夫，该自制的自制，该退出的退出，该建设的建设，让司法真正成为公民权利的守护神。

（原载《新华每日电讯》2011年7月5日）

这一股推进法治的力量让人欣慰

[只要聂树斌案一天没有结果，追责也就提不上日程。而拖延再审，无疑会淡化案件影响。随着时间的远去，随着新的法律热点不断出现，聂树斌案渐渐会让人不再关注。当社会已遗忘这件事，只剩下聂树斌的家人孤独战斗时，不了了之的处理结果也就有了可能。]

2011年中国政法大学教授何兵等学者和60位律师在石家庄召开研讨会，在《刑事诉讼法修正案（草案）》征求意见之际，再次就聂树斌一案进行讨论，并签署呼吁书，要求法院尽快启动聂树斌案再审程序。

聂树斌案估计在不少人印象中已淡化了。1994年，聂树斌因被怀疑奸杀女工康某被抓，不久后被判处并执行死刑。2005年，逃犯王书金被抓获，王书金承认自己是奸杀康某的凶手。“一案两凶”让聂树斌冤杀案浮出水面。然而，多年过去，其间聂树斌的家人不断申诉，要求给一个交代，最高人民法院也曾答复聂树斌亲属的申诉请求，称由河北省高级人民法院处理，但直至今日，案件仍没有定论。

聂树斌不在人世很多年了，有没有杀人，如今已有定论。如果背负巨大的冤屈死去，他的灵魂至今也得不到安息。而聂树斌留给亲人的，是长久的折磨。失去亲人，即便是聂树斌当时被戴上“杀人犯”的帽子，对于亲人来说，都是难以弥合的痛。杀人者另有其人，聂树斌被冤杀而带来的委屈打击，对亲人更是不能承受之重。无论对于聂树斌，还是对其亲人，案件久拖不决，都是天大的不公平。

而“一案两凶”的奇案，如果没有一个结论，恐怕是一个大笑话。这个笑话长期存在，让司法机关蒙羞，让法律蒙羞。背负这么大的羞辱，喊“依法治国”何来自信，称“司法为民”何来底气？然而，有关方面就这么赖着不动。案件为什么没有结果，官方没有答案，民众只能推理——如果聂树斌案的判决得到正式更正，很多人就要为此承担责任，因为错案成立，法律将依程度不同处理相关责任人，或责令做出检查，或通报批评，或给予纪律处分，甚至追究刑事责任。

这就不难理解，聂树斌的母亲张焕枝的多次再审之请，都遭刁难。从2005年3月起，聂树斌的母亲一直没有停止申诉，但河北省高院一度拒绝她的申诉，理由是张拿不来儿子的死刑判决书。这个理由十分荒唐：聂树斌从被判死刑到被处决，家人始终就没有看到判决书，当然找不出判决书。而聂树斌的代理律师向河北省高院审监庭提出“收集、调取证据”申请，很长时间里得到的答案也是“需要审委会研究”。

只要聂树斌案一天没有结果，追责也就提不上日程。而拖延再审，无疑会淡化案件影响。随着时间的远去，随着新的法律热点不断出现，聂树斌案渐渐会让人不再关注。当社会已遗忘这件事，只剩下聂树斌的家人孤独战斗时，不了了之的处理结果也就有了可能。

事实上，确有很多人对聂树斌案的记忆已不再清晰。但是，有一部分人对这种严重伤害法治、影响中国法治进程的事件，不会放弃追究。他们可能一直在关注和推动事件的进展，众多学者和律师在石家庄召开研讨会并联名呼吁，就是证明。

在这些人身上，可以看到对法治的强烈热情和执着追求。他们不是为自己的私事而奔走呼吁，他们是在与破坏法律秩序和阻碍法治进程的行为进行斗争，是为提高中国法治水平的公共目标而行动。这种热情和执着，无疑是推动法治进程的重要动力，对于法治水平亟待提高的中国，是难能可贵的。

这种力量的存在，让人看到中国法治的希望。

（原载《中国青年报》2011年9月15日）

人大质询权为何长期沉睡

[政府机关不欢迎质询案，而在时下人大和政府的权力制衡格局中，人大也未必想把事情闹得太大。所以在个别地方提出过一两次有模有样的质询后，不久也沉寂下来。而在更多的地方，神圣而重要的质询权，还是长期处于沉睡中。]

2010年3月，时任全国人大常委会委员长吴邦国向十一届全国人大三次会议做常委会工作报告时提出，全国人大常委会2010年将依法开展专题询问和质询。这是监督法生效后，常委会工作报告中首次提出采用询问和质询的监督方式。

全国人大常委会研究室原主任程湘清表示，无论是全国人代会还是全国人大常委会，历史上从未有过质询案。事实上，在地方各级人大会议中，代表行使过质询权的案例也非常少见。

质询制度不仅是各国议会制度的重要内容，也是我国宪法规定的人大重要监督手段。人大充分行使质询权，有利于强化权力机关的职能，实现人民当家作主的制度初衷，推动我国民主进程；也可促进司法、行政机关树立公正执法的意识，纠正司法、行政机关的不当行为，遏制公权力行使中的腐败。但是，从现实情况来看，宪法赋予各级人大的这一重要权力，长期处于沉睡的状态。

人大质询权很少被行使，最根本的原因，可能还是人大代表的构成不合理。人大代表中的官员过多，这已是共知的事实。中央党校教授王贵秀曾大声疾呼：代表中的官员之多，世界罕见。时为中国政法大学宪政研究所所长蔡定剑曾统计，十届全国人大代表中，具有官员身份的代表有1200多人。邓明义等33名广东籍全国人大代表，曾联名向大会提交议案，指出某个省的代表团的160名代表中，中直、省直机关和市长代表就有88名，占代表总数的55%。不仅政府官员多，其他行业代表也大多以一把手为主。

我们知道，质询一般是就政府工作中的问题提出，对于质询案，被质询机关有出丑的感觉，而且按照制度设计，质询案还可能影响相关官员的政治前途，甚至带来严重的法律后果。比如，1989年，在湖南省七届人大二次会议上，代表对副省长杨汇泉因主持清理整顿公司不力和涉嫌庇护领导干部子女经商提出质询，杨汇泉后遭罢免。所以，政府机关不愿被质询。可在代表中官员居多的情况下，质询很可能针对的就是人大代表，这无疑让质询案的提出增加难度。

我国法律规定，在全国人大会议期间，质询案要由一个代表团或30名以上代表联名才能提出，全国人大常委会期间，质询案要10名常委联名提出。这样的立案条件，也让质询案难产。在实践中，某个政府机关的工作要引起30名全国人大代表的共鸣，可能性不太大；而在代表多以官员为主的情况下，可能性又要大打折扣——身居官场，在独特的官场生态中，官员们很容易结成非工作的关系，特别是在纠责的问题上，官员之间更容易达成互保的共识，即使某个代表有质询的意图，要想联合其他代表达到法定人数，难度可想而知。而法律又规定，质询案提起的时间只能是在大会期间或常委会期间，质询案是否立案的决定权归主席团，这进一步提高了质询案产生的门槛——全国人大开会时间就那么几天，而且议程是由投票决定的，代表想提都没有时间和地方提；大会主席团受大会期限和大会议程的约束，也不会愿意接受质询案，因为这样会影响大会议程的完成。

政府机关不欢迎质询案，而在时下人大和政府的权力制衡格局中，人大也未必想把事情闹得太大。所以在个别地方提出过一两次有模有样的质询后，不久也沉寂下来。而在更多的地方，神圣而重要的质询权，还是长期处于沉睡中。

吴邦国此次在报告时提出全国人大常委会依法开展质询，无疑体现了我国法治和民主的重大进步，对长期沉睡的质询权是一次唤醒。但人大质询权要得到充分而广泛的行使，质询制度的作用要得到充分发挥，还需根本性的制度完善，例如改变人大代表构成，降低质询案立案的条件，让更多的质询案能够提出并能产生实质性的作用。

（原载《山西晚报》2010年3月11日）

贫困县有限的财力该用在刀刃上

[无论做什么，无论怎样做，政府必须尊重规则。再高尚的目标，也必须在既定规则下行事。如果政府不守法，老百姓又怎会尊重法律的权威呢？]

2011年9月，有两个贫困县成为新闻主角：一个是国家级贫困县湖南娄底新化县，为投资5000万元建设寺庙景区，强令各村筹集资金，未完成捐款指标的村强扣水利建设款充当捐款；另一个是陕西宁陕县，从2011年秋季开学起，该县所有学龄前儿童免费上幼儿园，继2009年实现12年免费教育之后，该县又率先实现从学前到高中的15年免费教育。

新化县建设大规模的寺庙景区，也许是苦于没有好的经济增长点，这一性急就容易冒进，需要投资5000万元，缺口在3000万元以上，实际付给施工方的只有几百万元，以至于施工人员纷纷撤退。当地政府要使一把劲儿，但他们可想的办法有限，只有在本县范围内，可凭政府权威使一些蛮力。但一强制捐款，就违了规，乡、村干部不高兴，老百姓更不高兴。

新化县在景区建设上不自量力，对景区未来效益的估计也没表现出审慎性。景区所在地非名山胜景，也无吸引人的历史渊源，人为地造些寺庙，对游客的吸引力堪忧。之前，很多地方在拓展经济增长点时也大打旅游牌，抓住一点由头就大兴土木，寺庙故居之类大量出现，可因为名声有限而打不出去，光顾者仅限于本市县居民，结果自然是经营惨淡，大量投资打了水漂。

宁陕县没有展现出大振经济的雄心，却表现出了为民惠民的诚意。一个年人均纯收入不足3800元的贫困县，却让他们的孩子从幼儿园到高中毕业都享受免费教育，老百姓也获得了真正的实惠。虽然宁陕县对教育的投入占了财政收入的近四成，但他们毕竟还能付得出，只是其他方面要省一些。

更重要的是，宁陕县的决策，其效果是值得期待的。孩子上学少花钱，老百姓获得实惠；改善了教育，提高了当地文化水平，投资和发展环境得到改善，为经济的长远发展奠定了基础；而且，当地政府诚意为民，务实求实，更容易取得人民信任，更让人愿意合作，说不定就能为当地赢得发展机遇。

同为贫困县，财力都十分有限，让有限的钱用在刀刃上，让政策发挥最佳效用，这是贫困县面临的共同课题。其中，首先是要解决为谁发展的问题。把钱大量投到教育上，让老百姓的子女都能接受教育、接受好的教育，不管怎么说，都是老百姓获益。而投建经济项目，当然也可能是为百姓谋利益——经济发展了，政府有钱了，才能更好地为民办事。但搞经济项目，很容易搞成政绩工程，也容易产生权力寻租机会。

其次，是如何发展的问题。锐意进取，大胆开拓，固然值得鼓励，但一定要脚踏实地。一时做不了大事，不如做一些实事。政府有责任推动经济发展，但政府对经济发展的作用，更应体现在建好基础设施、改善投资环境上。研究表明，在具体经济发展项目的决策中，政府的效率远低于市场主体，这一点在现实中也很容易看到。

当然，无论做什么，无论怎样做，政府必须尊重规则。再高尚的目标，也必须在既定规则下行事。如果政府不守法，老百姓又怎会尊重法律的权威呢？

（原载《中国青年报》2011年9月28日）

支持公民诉讼扼制路桥乱收费

[老百姓在面对违规收费时维权无门，无疑是他们对违规收费不能形成有效约束的重要原因。]

因为觉得南京机场高速路收费标准过高，南京市民黄乃海进行了不折不挠的维权。2009年，黄乃海曾向南京市中级法院递交行政起诉状，要求江苏省物价局降低南京机场高速路收费标准，被裁定“不予受理”。他向江苏省高院上诉，也被驳回。然而，黄乃海没有放弃战斗，他的又一次维权诉讼已经开始。

路桥违规收费最近是舆论关注的焦点，各种言论口诛笔伐，对这一社会顽症进行猛烈抨击。在舆论的强烈关注下，相关部门也开始了治理行动，五部委在全国范围内的收费公路专项清理行动也已启动。

清理行动的结果让人期待，然而，现实又可能让人做出悲观的估计。这不是有意为清理行动泼冷水，实在是太多的先例让人不得不消极。地方政府违规的事多了，可治理结果并不理想。2011年6月20日，《人民日报》报道，从2004年开始，国家陆续下达了近10个针对高尔夫球场建设的禁令，然而7年过去，各地仍建设了400多家球场。房地产调控也是如此，中央一再要求各地抑制房价，落实保障性住房计划，解决百姓住房难，然而，地方是如何做的呢？

路桥违规收费之所以被称为顽疾，就是因为屡打不绝。媒体报道，浙江台州椒江大桥、河南郑州黄河大桥、山东济南黄河大桥、广东佛山三水大桥4个路桥收费站被曝光后，违规收费依旧。之前，媒体也不断曝光违规路桥收费，有关部门也采取过治理行动，但效果并不如意。2009年燃油税出台后，二级公路收费被宣布取消，但是，一边取消一边死灰复燃的现象，在很多地方都存在。

治理地方政府的违规，光靠自上而下的单向管束，未必能有效果。一则违规过于普遍，中央部委的手再长，也顾不过来，何况部委的人力物力还很有限；二则这种行政内部的规制和约束，未必强硬得起来，机制缺陷、人情面子，很可能导致处理时马马虎虎；三是部门之间，也未必亲密无间完全步调一致，种种事件表明，部门之间也存在利益冲突，在不少事情上是各唱各的调或者明和暗斗。

其实，对地方政府的最大约束力应来自老百姓。路桥乱收费，让老百姓掏不该掏的钱，明明是侵犯公民权利，法学专家早有这方面的声音。既然是侵权，司法就理当为公民提供有效救济，做公民权利的守护神。如果说，公民这种维权诉讼普遍得到支持，那么，乱收费就存在不下去——乱收费直接损害老百姓利益，他们有约束违规行为的最大积极性；违规收费发生在老百姓眼前，逃不过他们的眼睛。通过老百姓维权来扼制违规收费，可以说是成本最低效果最好的方式。

老百姓在面对违规收费时维权无门，无疑是他们对违规收费不能形成有效约束的重要原因。南京市民黄乃海曾向法院提起诉讼，然而他的努力没有结果。有幸看到，他没有放弃，又开始了维权行动，希望司法部门这次有不同的态度。黄乃海提起的是公益诉讼，法院应考虑到保护公民权利和扼制乱收费的积极意义，在法律范围内寻求支持空间，维护这种大义行为。

（原载《中国青年报》2011年6月22日）